Allez Japon!

日本フェンシングチーム躍進!陰の立役者たち

公益社団法人
日本フェンシング協会

幻冬舎MC

東京オリンピックを支えた日本フェンシング協会関係者
（Japan Fencing Federation）

競技運営チームのマネージャーとスーパーバイザー
（Managers and Supervisors of the Competition Management Team）

男子エペ団体日本代表と競技ボランティア
（Men’s Epee National Team and Sport Specific Volunteers）

競技運営チーム（Competition Management Team）

リオ2016・東京2020・パリ2024のスポーツマネージャー
(Sport Managers for Rio2016, Tokyo2020, Paris2014)

4つの試合が同時に行われている予選の様子
(Four competitions start at the same moment in preliminary rounds.)

競技エリア（Field of Play）

大会司令本部（Technical Table）

Photos provided by International Fencing Federation（FIE）

Allez, Japon!

——日本フェンシングチーム躍進！陰の立役者たち

エピローグ

新たな歴史の扉が、開こうとしていた。

２０２１年８月１日、幕張メッセ。フェンシング男子エペ団体決勝、金メダルを争うのは日本とＲＯＣ（ロシアオリンピック委員会）。３人の選手が対戦相手を変えながら三巡する団体戦はどちらかが先に45点を先取するか、９ピリオドの合計得点で上回れば勝利する。

時計の針が20時を回り、間もなく五輪チャンピオンが決まる。

その権利に近づいたのは、日本だった。

９巡目、アンカーとして登場したチーム最年少の加納虹輝がＲＯＣのセルゲイ・ビダを相手にリードを重ね、44対36。史上初めて、五輪で観客のいないスタンドにはちらほらと各国関係者が集い、会場の運営スタッフやボランティアも固唾を飲んでその瞬間を見守る。

あと1点！

ピストに近い、ヘッドコーチやリザーブの選手が待機するエリアから飛び交う声に合わせたかのように「アレ！」の合図で互いの剣と剣が交わる。相手の攻撃を防ぎ、接近戦の中、加納の剣先が相手を突き、45点目は日本へ。

日本フェンシング史上初めて五輪で金メダルを手にした瞬間だった。

マスクを外し、両手を掲げた加納のもとへ、間髪入れず、山田優、見延和靖、宇山賢、ともに団体を戦ったチームメートが駆け寄り、抱きつく。その輪にヘッドコーチのオレクサンドル・ゴルバチュクも加わり、静寂の会場に歓喜の雄叫びが響き、この場に訪れることができなかった日本中、世界中の人々の代わりに、と居合わせた関係者やボランティアも力の限り拍手で快挙を称え、賞賛を送る。

誰もが喜びを噛みしめる。

大会中はＩＯＣアスリート委員の選挙に駆け回った男は、前会長としてスタンドで。

そして彼が選手時代、長い五輪の歴史の中で得られなかった日本フェンシング界にとって初のメダルを獲得すべく、強化の中枢で走り続けた男たちは、ピストに近い場所で大会運営に携わるスタッフとして。

光に照らされる選手たちと共に、成し遂げた快挙を自分事として分かち合う人間がいる一方で、また別の場所では、この快挙が多くの人たちに称えられるべく、大会運営にぬかりないように、と見守る技術委員の責任者。

朝から走り回り、時に汗を拭い、同じフェンシングを愛する1人として喜びを感じながらも、自らが果たす役割に頭を巡らせ、次の工程を考え、早く移動しないと、と少なからぬ焦りを抱いていた女性たち。

そんなすべての光景に目と気と心を配りながら、この前代未聞の五輪で尽力してくれたボランティアたちにも「この瞬間が見えるように」と、ほんの少し、密かにセキュリティエリアを広げた、〝スポーツマネージャー〟として大会運営を担った1人の女性。

それぞれが、各々の場所で見て、ビジョンを描き、携わり、奔走しながら、手探りの中、つくりあげた東京五輪。

招致から開催決定に至った２０１３年９月７日から、本来開催予定だった２０２０年から一年の延期を経て、ようやく開催された２０２１年、夏。

史上初の金メダルは確かな快挙だ。

だがそこには、眩い光の中だけでは語られることのない、〝作り手〟たちの、いくつもの物語があった。

目次

主な用語

略称	正式名称	日本語名称
IOC	International Olympic Committee	国際オリンピック委員会
OBS	Olympic Broadcasting Service	オリンピック放送機構
IF	International (sport) Federation	国際競技連盟
FIE	International Fencing Federation	国際フェンシング連盟
SEMI	Electronic Signalling Equipment and Installations Commission (S.E.M.I.)	(簡易訳)電気信号機材導入委員会
JOC	Japanese Olympic Committee	日本オリンピック委員会
JSC	Japan Sports Council	日本スポーツ振興センター
JISS	Japan Institute of Sports Sciences	国立スポーツ科学センター
NTC	National Training Center	ナショナルトレーニングセンター
NF	National Federations	国内中央競技団体
FOP	Field of Play	競技エリア
BOH	Back of House	運営エリア(競技エリア・観客エリア以外)
TO	Technical Officials	技術委員
ITO	International Technical Officials	国際技術委員
NTO	National Technical Officials	国内技術委員
TEC	Technology (Functional Area) of Tokyo 2020	組織委員会テクノロジー局所掌範囲
SPT	Sports (Functional Area) of Tokyo 2020	組織委員会スポーツ局所掌範囲
TD	Technical Delegate	IF から指名される IF 所属のオリンピック大会責任者
DT	Directoire Technique	FIE 公認の試合で試合進行を担当する技術委員

普及の工夫と苦悩

太田雄貴

日本フェンシングの「顔」として思い浮かべる時、おそらく真っ先に上がるのはこの人ではないだろうか。

太田雄貴。日本フェンシング協会前会長であり、日本フェンシング史上初の五輪メダリストだ。

小学3年生からフェンシングを始め、すぐに頭角を現すと平安高校（現龍谷大学付属平安中・高校）2年時には日本選手権の男子フルーレ個人戦を最年少で制覇。世界選手権の日本代表メンバーにも抜擢され、2004年のアテネ五輪に初出場を果たし、2008年の北京五輪で銀メダルを獲得した。

自身だけでなく、むしろそれ以上に周囲が待ちわびて、待ちわびた末にたどり着いた「五輪でメダル獲得」という快挙と、明るいキャラクターが人気を呼び、メダル獲得後はテレビを始めとするさまざまなメディア出演や、イベントや講演に寝る間を惜しんで全国を飛び回った。

体力的にも精神的にも疲弊していたが、自身が出ていくことでフェンシングの普及につながるなら、と必死だった日々。

「(北京)五輪へ出発する前は取材が2人だったのに、帰ってきたら3か月休みなし。テレビに出させてもらう機会も多くありましたが、周りは1人のタレントさんに4、5人のマネージャーさんがついて行く中、僕は1人。慣れないことだらけでしたが、社会勉強の場でもありました。今思えば、僕にあれだけ声をかけていただいたのも〝意外性〟ですよね。フェンシング〝なのに〟メダルが獲れた。これが柔道のように常勝競技であれば、柔道〝なのに〟メダルが獲れなかった、と注目される。その切り口に、僕は間違いなくハマっていたんだと思いますね」

北京の直後は大会が開催されれば記者も増え、次は2012年のロンドン五輪へ、と周囲の期待も自ずと高まる。しかも北京では実施種目に含まれていなかった男子フルーレ団体もロンドン五輪では開催されることから、個人と団体でのメダル獲得、しかも銀を超える金メダルを、と期待が高まる中、まさに血のにじむような思いでアスリートとして邁進する。

その結果たどり着いたのが、北京に続いて今度は男子フルーレ団体で獲得した銀メダルで、その過程や8月5日の試合を振り返ればまさに〝奇跡〟と呼ぶべき快挙ではある。だが一方で、精魂使い果たし、奇跡を起こしてもなお金メダルには届かない現実に、太田は直面せざるを得なかった。

「ロンドンまでの僕は、命を削って試合をしているというか、心と魂を燃やしながらやっている。そういう感じだったんです。とにかく本気で世界一になりたかったし、五輪で勝ちたい、と必死だった。だけど、それでも届かない。奇跡みたいなポイントを重ねて、銀メダルが獲れたこと、たどり着いたことは嬉しかったけれど、一方ではこれだけやってもダメなのか、という気持ちもあった。正直に言えば、ロンドンで現役は引退しようと思っていました。でもそれぐらい思い残すことは何もなかったんです。競技のことを95%考える日々を過ごしていたし、競技に対してピュアに打ち込んでいましたから。今振り返っても、ロンドンで辞めてもよかった、と思うぐらい、フェンシング選手の太田雄貴として真っ直ぐ進んでいたのがロンドンまででした」

北京からロンドンへの4年は、アスリートとしてさらに高みを求めるいわば青年期。ではこれからどうするか、と考える。引退も選択肢に加わる中、ではフェンシングを辞めるとしたら何がしたいのか。太田が求めたのは、フェンシングだけでなくもっと広い世界を知り、自らの視野や交友範囲を広げることだった。他競技の選手やスポーツ関係者に留まらず、さまざまな業種の経営者との接点を積極的に持ち、自らも学ぶ機会を設ける。

まさに何かを始めようと踏み出した時に、何に導かれるか。今へ、そしてこれからにつながる大きな一歩と言っても決して過言ではない。ロンドン五輪を終えて間もなく、まだ現役選手でありながらもフェンシングから少し距離を置き始めた太田に、大きな転機が訪れた。

２０２０年の東京大会の招致に向けて、アンバサダーをやってくれないか。

五輪を招致していることは理解していたが、まさかそこに自分が深く関わることなど想像していなかった。

ただ、これからの生活をどうするか模索していた時期でもあり、フェンシング以外の活動も積極的に取り組むようにしていた。実際にロンドン五輪を終えた直後に東京・銀座で行われたメダリストによるパレードにも約50万人という人々が集まり、五輪招致に向けた熱の高まりも感じていたし、１人のアスリートとして自国開催は夢でもある。

アンバサダーとして関わるのも新しい挑戦で悪くない。太田と同様にアンバサダーの就任を打診されている他競技の錚々《そうそう》たる選手が並ぶリストを見た時、漠然と思った。

どうせ引き受けるなら、最後のスピーチ、プレゼンテーションをやってみたい。

アンバサダー就任を引き受けると決めてからは、選手として大きなターゲットとなる試合で勝つことを目指すように、東京に五輪を招致するために何ができるか。自分が果たすべき役割は何で、最後にスピーチをするため必要な要素は何かを考え、準備を重ねた。

アンバサダーとはいえ現役選手であれば、当然ながら自らの練習や試合に向けた準備に費やす時間もある中、太田は英語の勉強はもちろん、ＩＯＣ委員が集まる場へ東京五輪招致委員会の一員として自ら足を運ぶ時は、積極的に声をかけて回った。

現会長で当時IOC副会長のトーマス・バッハは元フェンシング選手でもある。会場で姿を見かければ近づき、他愛ない話から東京で五輪を開催することにどれだけの意義があり、いかに魅力的か。身振り手振りを交え、コミュニケーションを取る姿に日本国内のみならずIOCメンバーからも「彼はアスリートと思えない行動力、営業力がある稀な存在だ」と認識され始める。並行して、スピーチに向けて準備も重ねる。大半が英訳、仏訳したスピーチを紙に書き、読みながら話す中、太田は丸暗記して臨んだ。

「みんなと同じようにやっていたら選ばれないと思ったんです。英語がうまい、ヘタ、という以上に日本が足りないのは何が何でも五輪を招致するんだ、という熱量だと思っていたし、そもそも僕は人がやらない努力をしないと勝てない。だから早い段階から丸暗記してスピーチをするようにしていたんですけど、結果的に僕がそういうスタイルを取っていたこともあって、僕たちの日本代表って、最終的にはみんなプロンプターも見ず、自分の言葉でスピーチをしたんです。自分が言うのもおかしいかもしれないけれど、あれは僕がつくった1つのカルチャーでもありました」

五輪の開催場所が決定する２０１３年９月のＩＯＣ総会に向け、目まぐるしく展開される交渉や駆け引き。世界へ向け「なぜ東京に五輪、パラリンピックを招致するのか」その理念や意義、熱意を伝えるスピーチが重要であることは言うまでもない。高円宮久子妃殿下、当時の安倍晋三首相といった顔ぶれに加え、アスリートとして登壇するのはアテネ、北京、ロンドンパラリンピックに出場した佐藤（現・谷）真海と太田のみ。それぞれの見地から、どう訴え、伝えるか。

度重なる練習を繰り返し、英語の発音や身振り手振り、目線を置く位置を何度も何度も確認する。ＩＯＣ総会前日の６日には、一連の流れを追ったリハーサルが行われたが、実はこの時の出来は最悪だった、と振り返る。

「安倍首相と高円宮妃殿下を除く６人が通しでリハーサルを行ったんですが、僕も含め、びっくりするぐらいよくなかった。身振りをする時にマイクに手が当たってしまったり、それまでほぼ完ぺきだった滝川クリステルさんでさえ珍しく間違えたり。失敗ってこんなに連鎖するんだ、めちゃくちゃたくさん練習してきたのに、練習会場じゃなく本番の会場に入るだけでこんなに失敗するんだ、と。でも、今思えばそれもよかった。失敗を全部、そこに置いてくることができました」

時差ボケと格闘しながら、ほぼ眠ることなく翌朝を迎え、5時には起床。全メンバーが揃った状態で、それぞれのパートや次のスピーカーにリレーする際の握手に至るまで徹底的に確認を繰り返した。もちろん自分が話せば終わり、ではなく、日本チーム全体が話し終わるまでプレゼンテーションは終わらず、最後に開催国名が発表されるまで一瞬たりとも気を抜けない。話し方だけでなく、聞き方や、待機する際の姿勢。直前まで、これまで味わったことがないほどの緊張感に見舞われた。

「東京五輪開催に向けた国民の支持率が7～8割という状態で招致に向かっていく。全国民の7～8割が賛同することってほぼないし、1億人に背中を押されて大仕事する経験なんてほとんどない。ものすごいプレッシャーでした。招致活動だけでも1000億円規模のお金を使っているわけですから、負けて帰ったらどうなるのか。日本を出る時も『もしもダメだったら生卵とか飛んでくるだろうな』と思っていたぐらいです。でもいざとなると、試合のような感覚でした。始まるまでの準備や待っている時間、そこは本当にめちゃくちゃ緊張する。でも始まればやってきたことを出すしかない。むしろ本番のほうが楽しむことができました」

極限に立ったからこそ味わう楽しみ、とでも言うべきか。

かつて経験したことのない緊張感とプレッシャー、さらに招致活動は太田にとって大きな学びの場であり、決して大げさではなく人生を変える時間でもあった。

表に立って取り上げられるのは太田のような現役アスリートで招致活動に携わるアンバサダーや、元アスリート、いわば華やかにバックボーンを持つ面々ではあったが、実際の現場で五輪招致に向け、いわゆるロビー活動等、深部に携わる活動をするチームの仕事ぶりを目の当たりにした。まだまだ自分の立場ではわかっていないことのほうが多い、と前置きしながらも、その濃厚な日々はそれまでとはまた異なる、新たな刺激となった。

「国際社会で何かの規格をつくる。たとえば最近ならば脱炭素問題とか、グローバルレベルでものすごい駆け引きや交渉が行われています。それはすべて正攻法ばかりではなく、ではそれが悪いことかと言えばそうじゃない。日本ではスポーツや五輪というのがすごくクリーンなものとして捉えられているので、そこに莫大なお金がかかると言うといいイメージを持たれないことも多いですが、世の中を動かすぐらいの決定事項に向けた交渉って、想像を絶するぐらい複雑で大きなことなんですよね。それぐらいの現場に自分もいて、多少なりとも肌で感じて、見ることができ、僕の人生観にも大きな影響を与えてくれたのは間違いないです」

２０１３年９月７日、現地時間17時。当時のジャック・ロゲＩＯＣ会長が、２０２０年の五輪、パラリンピックの開催地を声高に読み上げ、掲げる。

「ＴＯＫＹＯ！」

歓喜の瞬間。両手を握りしめ、ガッツポーズで感情を爆発させる。人目をはばからず涙する太田の姿を覚えている人も少なくないだろう。

７年後、東京に五輪、パラリンピックがやってくる。一気にお祭りムードで五輪開催決定に日本中が沸き上がる。あれほど夢見た瞬間が現実になったのだから、嬉しくないはずはない。

だが帰国後、テレビも新聞も招致決定のニュースを飽きるほどに繰り返し、招致団がヒーロー、ヒロインにまつり上げられる中、太田は一切のメディア出演を断った。

「試合と同じで、選手はしょせん演者なんです。確かに光へ照らされる場所にはいるけれど、その舞台をつくった人がいて、僕らはそこで戦うだけ。招致もまさに同じで、確かにスピーチは緊張しました。でも僕のスピーチですべてが決まったかと言えば決してそうじゃないし、むしろそんなことは絶対に言えない。僕は招致活動に携わったけれど、自分が招致したわけではない。どれだけの人たちが動いていて、その結果がこれだ、と見せつけられてきましたから、自分が表に出るなんて、考えられませんでした」

　そして太田を照らした眩い光は、同じだけ色濃い影も見せた。

「正直に言うと、五輪が東京に決まったあの瞬間、自分がメダルを獲った時以上に感動したし興奮しました。だから、自分はこれから生きていく先、これほどの感動、感情に出会えることがあるのか。あれほどの高揚感を味わえることがあるのか。言うならば、不感症ですよね。何を見ても感動しないどころか、何の感情もない。まだ現役選手ではありましたが、フェンシングに気持ちが向くこともなく、何もやりたいことが見つからない。光が強すぎた分、反動も大きい。招致して、五輪が決まってから3年ぐらい、ずっとしんどかったです」

それでも、時は流れる。

招致活動を終えた同じ２０１３年の11月、再びフェンシング選手として本格的に始動。あえてロンドン以前と比較するならば、がむしゃらに一本道を突き進んできたそれまでとは異なり、やや俯瞰的に自身の進むべき道を、どこへ行くのが適しているのか、幅広い視野で見る。

さらに、招致活動でより広がった人脈を活かすだけでなく、招致活動をして今なお現役選手として活動する現状も最大限に活用し、多くの人に会う機会も飛躍的に増えた。決してセカンドキャリアを見据えた地盤づくりというわけではなく、今自身の器を広げ、さまざまなスキルを伸ばすためのきっかけづくりで、貴重な時間と捉え、積極的に動き回る。なおかつその過程の中で現役選手としても国際フェンシング連盟のアスリート委員に選出されて理事になり、２０１５年の世界選手権で初優勝。２０１６年のリオデジャネイロ五輪は団体の出場権を逃したものの、個人ではアテネから4大会連続となる出場を果たした。

4年後に控えた東京五輪招致の立役者が、リオデジャネイロ五輪を戦う。当然ながらこれまで以上に大きな注目を集める中、迎えた初戦は地元ブラジル代表のギレルミ・トルド。世界ランクでは太田がはるかに上回り、数字だけで見れば太田が絶対的優位であるのは間違いない。

だが、多くのフェンシング選手、関係者から何度聞いたかわからない。ランキングは水物だ、と。しかも五輪においてはなおさらで、言えるのは、その日に勝った選手が強い、ということ。

逆の立場で太田がメダリストになったのが、まさに北京五輪だった。

そして8年後のリオデジャネイロ。地元の大声援に後押しされたトルドは、恐れず前に出る。これが初戦となった太田は緊張が拭えぬままポイントを重ねられ、13対15。太田にとって初戦であった2回戦で敗退し、試合後、ピストにそっと触れ、現役引退を表明した。

リオ五輪の閉幕と同時に、次の関心は東京五輪へ。多くの競技、選手が活躍を期待されメディアの注目を浴びる中、自らもその場に立ちたいと思わなかったのだろうか。おそらく多くの人はそう思うはずだが、当の本人は間髪入れず、笑いながら否定する。

「出たいと思ったことは一回もないです。今だから言えますけど、あのプレッシャーに勝てる自信がなかったし、家族や友達、知り合いも増えたのでめちゃくちゃたくさんの人が応援に来てくれるであろう中で戦う自分、想像するだけで嫌だし、口から心臓が出ちゃう（笑）。出るだけならば、もしかしたら出られたかもしれません。でもそこでメダルを獲れたかと言えばかなりクエスチョンだし、もしもそこで金メダルを獲れたら人生は変わるか、と考えたらそれもクエスチョンだった。何より、僕はあの戦いのらせんから降りたいと思っていましたね」

もうフェンシングはお腹いっぱい味わった。東京五輪に携わるとしても違う方法で、と考え始めた矢先、五輪招致とはまた全く異なる転機が訪れた。

引退から２年後の２０１７年８月、太田は31歳で日本フェンシング協会会長に就任したのだ。

「初めて出た理事会で会長になる。普通はありえないですよね。むしろ理事になること自体躊躇《ちゅうちょ》していたのに、いきなり会長。自分で志したわけでは全くないですが、やるしかないなら使命感を持ってやる。二期四年でやれるところまでやっていこう、と。そういうスタートでした」

まず着手したのは財政面の安定。そして日本フェンシング協会として何を求め、伝えるべく取り組んで行くかという明確な理念を打ち出すこと。多くの競技団体が「競技の認知度を高め、財政を安定させるためには金メダルを獲ること！」と考えがちであろう中、太田が切った舵は少し違っていた。

「僕は金メダルを獲ることよりも、金メダルを獲り続ける環境をつくることが大切なことだと考えていました。じゃあ金メダルが獲れる環境ってどういうこと？　と考えたら、いいコーチを雇い続けなければならない。そのためにはお金も必要だけれど補助金が減額している中、そのお金を生み出すのは難しいから事業収入を上げていかないといけない。じゃあ事業は何でつくるんだっけ？　と言えば、たいていスポンサーが、と答えますよね。でもテレビ中継もされない競技を誰がスポンサーになるのか。実際に当時の日本フェンシング協会における協賛企業の９割がドネーションに近かったんです。でもドネーションと、広告として協賛するのはわけが違う。僕はフェンシングを使って自分たちの企業をブランディングしたい、知名度、露出度を増やしたいという企業を取り込んで行きたいと思った時に、まずその〝価値〟を感じさせる舞台をつくるしかないと思ったんです。五輪が世界最大の祭典になったように、フェンシングの全日本選手権をリブランディングして、ここで勝つことが１つのステータスだ、という見せ方をして、お客さんを入れたかった。フェンシングで有観客なんて無理だ、と言われましたよ。でもやるしかないと思っていました」

太田には、忘れられない光景がある。

ロンドン五輪の翌年、東京五輪を招致した２０１３年末、駒沢で行われた全日本選手権だ。男子フルーレの決勝は、太田と共にロンドン五輪の団体戦で銀メダルを獲得した千田健太と三宅諒。メダリスト同士の対決であるにもかかわらず、無料で観戦できる会場はガラガラ。関係者とメディアしかおらず、戦う選手の後ろは空席の椅子だけが並んでいた。

「五輪の時や終わった直後は、メダリストだともてはやされますが、その後どれだけの人がメダリストを覚えているか。1年、長くても2年が限界です。それなのにいつまでもメダリストとしての価値や知名度だけで生きようとしていても難しい。そこからいろいろなことにチャレンジしていかないと人から必要とされる人材にはなれないですよね。それなのに〝メダルを獲ればすべてが一変します〟と協会が言うのはどうなんだろう、と僕は疑問がある。そもそも五輪で戦う、そこでベストパフォーマンスを発揮するという点から見ても、応援は力になるけれど慣れなければガチガチになってしまうわけですよね。だったら、僕が東京五輪に向けて選手たちのために何かやってあげられることがあるならば、日本で行う日本選手権や高円宮杯（ワールドカップ）はお客さんが満杯の環境をつくって、選手を慣れさせること。会長としてできる1つのことが、集客だと思って取り組んできました」

野球やサッカー、バスケットボールなどのプロリーグならば通年で試合が行われるが、フェンシングは日本国内での試合が限られる。そこでいかに注目を集め、集客するか。ＳＮＳやホームページ、新聞やＷＥＢ媒体などのメディア露出を増やし、東京グローブ座やＬＩＮＥ ＣＵＢＥ ＳＨＩＢＵＹＡ（旧・渋谷公会堂）を会場に、決して安くはないチケット料金を設定する。フェンシングのチャンピオンを決める日本選手権という頂点を争う競技会であるだけでなく、スポーツエンターテインメントの要素を高めるべく、光や音、ダンスやスポンサー企業による最先端技術を用いて、競技を可視化し感動を共有する。スポンサー獲得や演出など、太田が先頭に立ち、人脈を活かし最高の舞台を作り上げるべく尽力した。

「本当はもっと試合数が多ければ方法も違う。試合数が限られているのであれば、極端な話、スナックでもカラオケパブでも『ここに行けば必ずフェンシング関係者に会える』という場所をつくりたかったんです。そこではいつも試合の映像が流れていて、たまに選手が訪れることもあるし、学生時代にフェンシングをやっていた、という人もフラっと来て思い出話に花を咲かせる。そういう場所があるだけでも十分だと思いましたが、日本フェンシング協会が主体としてやっていくのは公益法人である以上、現実的ではありません。でも、人の関心がたくさんの方向に向けられている中で、どれだけ一年に一度、大きな大会をやったところで気持ちをつないでおくことは難しい。理想としては、年に一度の日本選手権はお祭りのようなもので、普段はフェンシングを見ない、見たことがないという人たちも集客する。なおかつ月に一度、週に一度はどこかで試合が見られる、または関係する人に会える場所をつくることでコアなファンに足を運んでいただく。そこまで踏み込んで行くだけの時間とお金はなかった、というのが現実でもありました」

加えて、より多くの人にフェンシングを知ってもらうための〝普及〟を進めるために不可欠なのが子どもだ。大人以上に移り気で、いきなり「フェンシングをやってみよう」と勧めたところで、剣を持つきっかけもなければ、触れる機会、見る機会もほとんどない。1つのきっかけづくりで、なおかつ東京五輪への集客も視野に含めスタートしたのが小学校を中心とした学校訪問だった。

フェンシングクラブや地域のスポーツクラブでよくあるフェンシングの体験会や、フェンシング教室ではなく、本物のフェンシングを子どもたちに見せる場を提供する。東京五輪の開催地である千葉県を中心に、現役選手やＯＢ、ＯＧと共に太田も参加。当日の進行を担うＤＪケチャップ（藤本芳則）氏と共にマイクを持って盛り上げるべく試行錯誤を繰り返しながら実施してきた。

少なくとも２人の選手が子どもたちに近い場所につくったピストで実技を見せ、最後は公式戦さながらに試合を行う。その迫力を伝えることはもちろんだが、フェンシングという枠だけに留まらず、応援する喜び、文化を育みたいというのも１つの狙いだったと太田は明かす。

「諸外国に比べ、日本の文化として人を応援することに対する慣れがないので、試合会場で声を出すのも恥ずかしくて声援を送れない人も多くいる。僕はそこを取っ払いたいと思っていたので、応援する文化をつくりたかったし、子どもたちに本物を見せたかった。言ってしまえば、僕らはフェンシングの普及活動のために小学校訪問をしたわけではないんです。そもそも県や都に対して『フェンシングの普及活動をさせて下さい』と言っても『ご自由にどうぞ。でも予算はそちらでお願いします』となりますよね。そうではなく、僕たちは『フェンシングの本物を見せる喜び、応援の喜びを伝えさせて下さい』と。極論を言えば別に他の競技でもいいんです。だけど僕たちはフェンシングの出身者だから、フェンシングだったらできます。そういう見せ方にすれば県や都と一緒に取り組む事業になるし、子どもたちもどっちが勝つかを予想して、精いっぱい応援する。勝った、負けた、という結果を選手と一緒に分かち合って、負けた子たちも『悔しいけれど、勝った相手を称え合おう』と伝える。子どもたちは応援しながら熱狂するし、その熱気は選手にも伝わる。素晴らしい企画だと思うし、今は会長を退きましたけど、１つのパッケージとしてこれからも続いて行くものだと思いますね」

本来ならば２０２０年に開催されるはずだった東京五輪は、新型コロナウイルスの世界的大流行に伴い、前代未聞の一年延期を余儀なくされた。当初の予定通りに行われていれば会長として臨むはずだった五輪が２０２１年になったため、そのまま会長としての任期も延長するのではないかという声も少なくない中、太田は就任当初のプラン通り、２０２１年６月に二期四年の任期を全うし、会長を退任した。

アスリートファーストだけでなく、その先の未来も見据えたアスリートフューチャーファーストを掲げ、会長としてさまざまなことに取り組んできた4年間。ことに東京五輪へと目を向ければ、本来太田が〝アスリートファースト〟のもとで描いたのは満員の会場で、選手がベストパフォーマンスを発揮する光景。そのために協会としてできるのは満員の会場をつくること、とばかりに、日本選手権をパッケージ化して集客し、学校訪問を重ねることでフェンシングへの興味関心を高めることに大きな役目を担い、果たしてきた。

次期会長には、太田自ら直談判し、何度も説得して口説いたと言う武井壮氏が就任。「自分にできるサポートはする」と公言したため、就任当初は毎日のように連絡を取り合ってきたが、武井体制になって初の日本選手権も初の屋外開催となった六本木ヒルズアリーナで無事、盛況の中閉幕した。日本フェンシング協会が新たな未来へ進み出すように、太田自身も新たな未来を見据えている。

その第一歩が、日本人として初となるＩＯＣアスリート委員への立候補であり、選挙を経て当選を果たしたことだ。

北京五輪で銀メダルを獲得した２００８年にＩＯＣアスリート委員の存在を知り、興味を抱いた。その後、選手としてのキャリアを重ね、招致活動にも携わる中ルールを守る側からつくる側に回らなければ変えられないことがいくつもある、と実感し、招致活動を終えてからは本格的にＩＯＣを目指そう、と視野に含んできた。

各国からアスリートが一堂に会する東京五輪の最中は選挙活動期間でもあり、絶好のＰＲの場でもある。猛暑の中、気温が高くなりすぎない朝早い時間から選手村の食堂付近に立ち、各国の選手に話しかけて自身が立候補していることを伝える。午前中から昼過ぎにかけて、前半はフェンシングを中心にさまざまな会場を回り、また夕刻になれば選手村へ戻り選挙活動をする。これまでとは異なる忙しい日々を過ごす中、日本フェンシング界初となる男子エペ団体の金メダルも目の当たりにした。

「単純に嬉しかったです。でも一方では、やっぱり有観客でこの試合を見せたかった、見てほしかったという目線のほうが強かったので、目線は若干違ったかもしれないですね。たとえ無観客でも選手のことを考えれば開催されて本当によかったと思うけれど、それでも何とか有観客にする方法はなかったのかな、とか。フェンシングという競技を普及させるために、一番のインパクトになるのは金メダルを獲ること。それは間違いではないけれど、でも僕はどちらかと言えばこのメダルを一生自慢して生き続けることができない、と思うタイプの人間だから、ちょっと違うのかもしれない。もしもあの場に満員の観客がいたら、というのはやっぱり拭えなかったですね」

現在も国際フェンシング協会理事という立場でもあり、フェンシング界と全く関係がないわけではないが、日本ハンドボールリーグの理事に就任するなど活躍の場は広がるばかり。もともと「任せた以上は口を出さない、というのが自分の信念」と言うように、自らが退いた日本フェンシング協会と積極的に関わるかと言えばそうではない。むしろ、太田自身もこれからの体制に期待を寄せる1人でもある。

「よく考えると一度も五輪を経験しなかった珍しい会長ですけど、でもそれでいいんですよ。むしろ史上初めてフェンシングが金メダルを獲得した時に武井会長だったことが本当によかったと思うし、もっとポジティブな方向に進んで行くはずです。

東京五輪が終わってもすぐ北京五輪があり、サッカーワールドカップがあって、あっという間にパリ五輪が来る。そういう現実の中で常に主役は入れ替わります。選手はあくまで演者なので、短く尊い現役時代を最大限に活用してほしいですね」

自国開催の五輪を機に、プラスばかりでなくマイナスな面も取り沙汰され、決して「夢の舞台」ばかりではない現実がいくつも露呈した。あれほど招致に力を尽くし、手繰り寄せた五輪をそれでも何とか開催に至るも、直前で未曾有のウイルスが猛威をふるい、誰もが望まなかった無観客での開催も余儀なくされた。

悔いがなかったか。これがベストかと言われればそうではない。そして「またいつか、五輪を日本に招致したいか」と聞かれれば、答えに臆するのも現実ではある。

抜群のチームワークを誇った招致活動の最中は、力を合わせれば何でもできるとどこかで信じていた。だが、現実はそれほど美談ではないが、やってやれないこともない。

「船は航海士が悪ければ難破するし、どんなに舵を切る人が頑張ってもどうすることもできない問題もあります。でもまたいつか、もしも50年後にこの経験を残すとするならば、五輪を国や都市の未来構想にどう重ねていくか。ハード面、ソフト面、あらゆる投資がある中で、心も含めた豊かさをどう求めるかを理解して招致しないといけない。五輪は記念試合ではないし、これは１つのゴールではない。五輪を１つのスタートだと思える人間がトップに立つことが必要ではないかと思いますね」

眩い光も、だからこそ生じる影も知るからこそ。太田は、過去ではなく未来を見据えていた。

勝つためにすべきこと

張西厚志

分厚いファイルにきれいに整理された書類やＩＤの数々。その１つ１つを丁寧に、「これはこの大会で誰々がメダルを獲った時」「この時の日本選手団は」と説明する。国際フェンシング連盟殿堂入りの証書も、きれいに額装されていた。

「全部取ってあるんですよ。写真も書類も１つ１つ、歴史と思いがこもっていますからね」

日本フェンシング協会元専務理事、（北京・ロンドン五輪強化委員長）張西厚志。東京五輪を終えて間もない8月には、日本人で3人目となる殿堂入りを果たした、日本フェンシング界の今に至るかつての改革を語るうえで、欠かすことのできない人物だ。

今でこそ、他競技の関係者からは「フェンシングの改革は素晴らしい」と手放しで褒められる機会も少なくない。だが、遡ればどうか。近大でフェンシングに明け暮れ、卒業後は監督に就任したが、「フェンシングでは飯を食えない」と競技の道を諦め、父が経営する大陽産業株式会社、義父が経営するマルハタ産業株式会社で働き、後に妻の芳枝夫人と共に「なんば体操クラブ」を創設した張西が、再びフェンシングの世界へ舞い戻ったのは１９９５年。２年後の大阪国体開催への協力要請を求められ、フェンシングから体操へ転身を果たしていた張西に白羽の矢が立った。だが協会の向く方向は外ではなく、明らかに「内側しか向いていなかった」と張西は当時を振り返る。

「派閥で、内部はバチバチ。みな、残念ながら日本フェンシング協会をよくしよう、フェンシング界をよくしよう、というのが第一やないんですよ。このままじゃあかん、としか思いませんでしたね」

妻の芳枝は国際体操連盟の技術委員や日本体操協会で常務理事、審判委員長としても世界を飛び回っており、日本体操界は数多くの名選手を輩出してきた。五輪でも柔道と共に、日本のお家芸とされ、獲得したメダルの数は個人、団体ともに数えきれないほどにある。

世界で勝つためにどんな環境を整え、日本フェンシング協会はどうあるべきか。強化の中枢をどうすべきか。体操競技で目の当たりにしてきただけに、１８９６年のアテネ五輪から実施されてきた数少ない競技の中で唯一日本がメダルを獲得したことがないフェンシング競技が、未だ競技の未来を描こうとしない現実に、張西は愕然とした。

変えなければならない。このままではあかん。

もともと行動力は抜群で、日本フェンシング協会理事に加わってからは理事会の場でも体操競技の例を伝え、本気の改革が必要だと説いた。だが、当然ながら最初は周囲の反応も芳しくない。むしろ張西が唱える正論を煙たがる人も少数ではなく、理事選挙で外されたり、自ら辞表を叩きつけたこともあった。

だが、信念を貫けば敵ばかりでなく味方もできる。当時の会長も後ろ盾となり、「あなたは会長推薦として私が理事に推したのだから、辞める、辞めないは会長の自分に一任してほしい。その代わり、あなたが描く改革を進めればいい」と後押しされた。

そうなればもう、やるしかない。

そもそも張西が理事となり、最初に出席した理事会で公言していた。

「目標は五輪の金メダル。むしろどうして金メダルを目指さないんですか？」

日本一は現実的な目標でも、当時は誰も本気で世界など描いていない。夢物語を唱える自分に変わらず風当りは強かったが、持ち得る人脈を活かして動く。体操クラブが治療リハビリでお世話になっている、ダイナミックスポーツ医学研究所の土井副所長にフェンシングの現場やトレーニング方法を見てもらい、「ここからどうすればいいか」と聞くと「選手の体力測定をさせて下さい」と体力測定を行い、「このレベルでは勝てないですよ」と海外選手のデータと比較して一喝された。

当然ながら張西も同意見だ。むしろ同意を得たことで「やっぱりあかんよな」と燃え上がり、強化の現場へ積極的に携わり、医科学委員会を立ち上げ、フルーレ、エペ、サーブル、各種目のコーチ陣にも厳しくハッパをかけた。

並行して力を注いだのが、世界とのパイプをつくること。張西が理事になるまでは、日本協会が視野に入れるのは日本のみ。国際フェンシング連盟との接点も少なかった。だが、競技における世界的地位が低ければ、試合にも影響する。基本的に「相手より先に突いたほうが勝ち」というフェンシング競技で、同時に突いても両者にポイントが入るエペ以外は、双方のランプがついた場合、審判はどちらに攻撃権があるのかを判定する。当然ながら選手の感覚としては「自分が先だ！」と主張するが、最終的なジャッジを下すのは審判。今でこそビデオで映像を確認することもできるが、以前はビデオチャレンジもなく、審判のみに委ねられる中、同じアピールをしても国際的に実績のある国の選手へ優位に働く傾向があるのは否めなかった、と張西は振り返る。

「審判の判定に対して『反対や！』と異論を唱えるけれど、覆ることはほぼない。これでは絶対勝てんな、と。本気で世界に出て行く、しかも勝つためにはまずどんな相手だろうと公平に見てもらえるようになるまで、日本の地位を高めないといけない。だって、この1本を取った、と思っているのに相手へ入ってしまったら戦う選手にとってはその時点で2点分マイナスなんですよ。それじゃあ勝てんわ、と思いますよね。それやったら、審判に認めてもらう組織にならないといけない、と思いましたね」

その第一歩となったのが２０００年。詳細は後に記述するが、張西は日本フェンシングの国際競技力向上を視野に、自らＦＩＥの委員会に立候補し、日本人として初めて当選した。これでＦＩＥの委員会や国際大会などに役員として参加することができるようになり、国際大会招致を含め日本の地位を上げることにもつながるきっかけを得た。

翌年には国際委員会の委員長となり、２００２年にポルトガルのリスボンで行われた世界選手権へＦＩＥの役員として現地へ帯同したが、すべての種目がほぼ１回戦敗退。惨敗と言っても過言ではない結果に、張西は今後の方向性を探るべくコーチ陣を招集した。本気で世界を勝つためには、このままじゃあかん。もっと本腰を入れて強化に尽力してほしい、と訴えるも、これ以上仕事は休めない、やることはやっている、と上がってくるのは後ろ向きな意見ばかり。張西の訴えに賛同したのは１人。サーブルコーチの齊田守だけだった。

「張西さん、このままじゃ勝てませんよ。僕らでは限界です。プロコーチを呼ぶべきです」

その答えを、張西も待っていた。

海外からコーチを招聘すべく、ＦＩＥとの人脈、つながりを活かし、張西は当時のＦＩＥのルネ・ロック会長に直談判した。

「日本も本格的に強化へ着手するためにコーチを探しています。この人ならば、という指導者を紹介していただけませんか？」

その申し出をロック会長は快諾。そこで白羽の矢が向けられたのが、ウクライナ人のオレグ・マチェイチュクだった。２００３年に来日した当時はまだ31歳と若く、世界的な実績があったわけではない。むしろまだ現役を引退したばかりで、コーチとしては未知数だったが、張西は「必ず日本を強くする」というオレグの情熱を信じた。日本フェンシング協会としても財政に余裕があるわけではなく、十分な報酬が払えるわけではないが、まずは男女フルーレの強化に着手する。その第一弾としてそれまでは散り散りで練習していた選手たちを「日本代表」として招集し、ＪＩＳＳを拠点とすべく、張西はＪＩＳＳのフェンシング場を訪れた。

もともとＪＩＳＳが設立される２０００年、ＪＯＣから施設内に専用の練習場が必要かという打診を受けており、ナショナルチームの専用練習場を持たないフェンシングにとっては待望でもあった。だが、当然ながら使用料もかかる。それでも選手のためになるなら、何せナショナルのスポーツ施設なのだからさぞ立派なものだろう、と期待に胸を高まらせたが、実際には2ピストしかないフェンシング場を見て、思わず絶句した、と笑う。

「えー、こんな狭いところなの？　って。2ピストしかなければ練習する選手の人数も限られるうえに、隣がウェイトリフティング場だったのでバーベルを置くたび、こっちの床も揺れる。正直、ここで練習するためにお金を払わないかんのか、と思いましたね」

とはいえ場所はできた。しかし今度はまた別の問題が生じる。オレグは指導の準備を整え待っているのに、選手が来ない。

理由は2つ。

1つめは、当時はそれぞれ仕事を抱えながらフェンシングをしている選手も多く、「東京に練習拠点ができたから」と言っても簡単に来られるわけではないこと。そして2つめは、経験のない〝外国人指導者〟に対するアレルギー。いきなりやってきたウクライナ人に自分の何がわかるのか。反発を唱える選手もいた。

五輪で勝つために自分は呼ばれたはずなのに、この現状は何なのか。オレグが張西に訴えた。

「張西さん、これでは私の仕事はできないし、このままじゃ勝てるチーム、選手などつくれるはずがない。ロシアやウクライナの選手は毎日何時間も、年間３００日以上練習しているんですよ。そのチームに、この日本が勝てますか？」

反論の余地はなかった。自分たちが異国へと招き「強くしてくれ」と言った以上、彼についていくのが本筋だ。選手は必ず自分が動かす、と約束し、どうすべきかをオレグに仰ぐ。まずは日本チームとしてのまとまりをつくる、個々の技術を上げるために、とオレグの要望に張西が提案したのは「５００日合宿」だった。

強化のためには必要な取り組みではあったが、十分な資金はない。だが張西の「勝つなら今しかないし、ここで勝てなかったら終わりや」という思いに賛同した、２００３年に就任した山本秀雄・元日本フェンシング協会会長が資金面でバックアップしてくれたのも大きかった。

日本フェンシング協会はこれからも強化に必要な資金を集め、環境を整える。だから君たちも本気になってくれ。１人１人にそう説いて回ると、「もう私、アルバイトをしなくていいんですね」と泣き出した選手もいた。時間もお金もかけ、強化に努めた結果は戦績にもつながり、２００４年のワールドカップで太田が、２００５年には女子フルーレで菅原が優勝するなどこれまでは勝てなかった世界で１つずつ勝つ喜びを知る。

強化対象をフルーレに定めたことで、他種目からは不満の声も上がったが、北京五輪で結果を残すことができなければ、次には続かない。

「時差のない北京ででけへんかったら、もう絶対にメダルは獲れないと思いました。フルーレ以外の選手、関係者には申し訳ないけど我慢してくれ、と。今はフルーレにしか集中できない。でもここでメダルを獲ったら、必ず環境は変わるし、そうしたら絶対に還元するから、と説得する。とにかくここを逃がしたらもうダメや、と僕も必死でした」

そして２００８年８月13日。待ち望んだ瞬間が訪れた。

男子フルーレ個人戦で太田が銀メダルを獲得。張西が「一番のヤマだと思っていた」という、太田がそれまで苦手としていたチェ・ビョンチョルに2回戦で勝利し、そこから波に乗ると一気に勝ち上がり、決勝ではベンヤミン・クライブリンクに敗れたものの、史上初の銀メダルがようやくもたらされた。

「よっしゃ、という気持ち以上に、ホッとしました。これでやっと、日本代表全体を強化できる。またここからや、と気が引き締まりました」

有言実行、とばかりに北京からロンドンへ。日本フェンシングの強化体制は大きな変化を遂げた。

２０１２年のロンドン五輪。準決勝では世界ランク7位の日本に対し、3位のドイツを相手に34対30と日本が4点をリードした状況でアンカーの太田がピストに立つも、相手エースの猛攻に屈し、残り10秒を切った時点で38対40。絶体絶命とも言うべき状況に追い込まれたが、ここから太田が反撃、残り1秒で再逆転の末、1本勝負を制し41対40で勝利した日本は、決勝で敗れはしたものの男子フルーレが団体戦では初の銀メダルを獲得した。

日本の強化に携わっただけでなく、張西が長年築き上げ、残した功績は他にもある。国際フェンシング連盟のＳＥＭＩ委員として、北京、ロンドン、東京と三度の五輪や世界選手権、アジア大会など、数多くの国際大会に派遣されたことだ。

前述した通り、遡ること20年、２０００年に国際フェンシング協会理事・委員会選挙に立候補。審判、法律、医事、広報、規則、ＳＥＭＩ、倫理と7部門からなる委員会の1つであるＳＥＭＩ部門において、当時日本フェンシング協会も国際委員長を務めていた張西が選出された。

きっかけは、強化の長として数多くの大会に参加する中、突き付けられた「世界」と渡り合うための課題だと感じたからだ。

「僕は長年体操の世界を見てきましたので、国際、世界の舞台に日本人がいることの重要性を実感してきました。採点競技である体操と対戦競技のフェンシングは違うように見えますが、審判のジャッジで勝敗が決まるのは同じ。この1点、という重要なポイントを決める場面で、一方はみんなが知っている世界の強豪で国際に何人も役員がいて、もう一方はゼロ。それが日本やったら、どうですか。極端に言えば、アタックしていても、ポイントは相手に入ることもある。これはあかん、公平に、同じ目線で裁いてもらうためには世界で日本の地位を広めていかなければ勝てない、と痛感しました」

7部門の中でも最も重要だと考えたのが、必ず試合会場に帯同しなければならない審判、医事、そしてSEMIの3部門。当時50歳を過ぎていた張西はその必要性を訴え「若い人間が世界に出るべきだ」と説いたが、返ってきた答えに絶句した。

「それだけ必要ならば、まずあなたがやるべきでしょ」

当時を回顧し、張西が笑う。

「えー、って思いましたよ。理屈はそうかもしれないけれど、私は引いていく人間なんだから、これからは若い人間が出ていくべきだ、と言っているのに自分がやれ、って（笑）。でも、正直に言えばいきなり選挙へ出ても最初から受かるとは思っていませんでした。それやったら、まず自分が最初に選挙へ出て、〝日本も選挙に出てくるようになった〟という実績をつくるのが自分の仕事だと考え、受け入れることにしたんです」

ところが、事態は想像と異なる方向へ転じた。当選したのだ。以後、16年までの5期にわたりSEMIの委員として世界で数多くの経験を重ねた。中でも、張西が「今でも忘れられない」と振り返るのが、14年に韓国・仁川で開催されたアジア大会での出来事だ。

SEMIは大会で用いる武器、器具関係のすべてが認証基準から違反していないかをチェックするセクションであり、剣の長さや重さ、柔軟性やポイントのスプリング圧力、ユニフォームの生地の強度、すべての分野に細かく定められた基準があり、たとえ大会当日でも基準に満たない違反と判断されれば認定は下らない。時には武器検査でクリアしたものが直前のコールルームでの検査により試合出場が不可となることもある。

14年の仁川アジア大会は、張西の長いキャリアの中でも「経験がない」と振り返る、稀なケースに見舞われた。

五輪や世界選手権は3人であるのに対し、アジア大会に派遣されるSEMIの国際委員は１人。それぞれの現場責任者はいるが、最終決定は１人で下さなければならない。それでも「わからないことがあれば、絶対に自分だけで判断するのではなくＳＥＭＩに聞きに来ること」と徹底していたが、張西の目が届かぬところで大きなミスが生じた。

間もなく試合が始まる、という直前になって、審判委員の１人に尋ねられた。

「彼のユニフォームはＯＫですか？」

生地を見ると明らかに薄い。張西は即答した。

「これはダメです」

審判が首をかしげる。

「でも事前の武器検査ではＯＫのスタンプが押してあります。どうしますか？」

思わず絶句した。多く見積もっても15分後には試合が始まる。しかもその選手はバングラデシュから唯一出場した選手であり、他の代表選手はいない。すぐに新しいウェアを購入させてでも試合に出させなければ、と考えるも会場にウェアを売るショップは出店していない。他国と異なり、他にも出場選手がいればユニフォームを借りることができるがそれもできない。苦肉の策として、日本選手団に事情を伝え「彼と同じサイズのユニフォームを貸してやってくれ」と頼み込むと、すぐに用意して持ってきてくれたが、右手と左手、利き手が逆で使用することができなかった。

心情的には何とか出してあげたい。ましてやバングラデシュから1人しかいない出場選手なのだ。彼がこれまで積み重ねてきた努力や思いを考えればなおさらだったが、もしも万が一、その薄い生地を剣が貫通し、事故が起きたらどうなるか。選手個々人の問題では収束せず、フェンシング競技全体の大問題に発展する。とはいえ、一度は通った武器検査での認定を直前で「ダメ」と判断すれば、選手を派遣したバングラデシュの協会も黙ってはいないはずだ。

さまざまな考えが頭をぐるぐるとすさまじいスピードでよぎる中、張西は判断を下した。

「ノー。このユニフォームでは、規定をクリアできないので出場は許可できません」

伝えるのは苦しさが伴った。そして最悪の場合、バングラデシュ協会から訴えられるとしたら、責任者である自分だという覚悟もあった。だが、直前まで自分のために「ユニフォームを貸してやってくれ」と日本選手団も巻き込み尽力する姿も見ていた選手は、予期せぬ事態も受け入れた。そして後日に至っても、バングラデシュから張西を糾弾する声は上がらなかった。

「出場させてもさせなくても問題は生じる。でも安全という最大優先事項を考えて、出場を許可しませんでした。出してやりたかった、という思いは今でもありますよ。バングラデシュ協会の方々とも関係性を築けていたこともあり、結果的にはその判断が正しかった、という結論に至ったのでホッとしました。ただ日本のため、日本が世界で勝つために、とこの立場に就きましたが、こんな責任ある立場は引き受けるんやなかった、とあの時は心底思いましたね」

数多くの経験を誇る張西にとっても、自国開催の五輪に携わるのは初めて。21年の東京五輪も困難の連続だった。

大会期間中、武器検査に関わる24名を選出すべく18年に応募をかけたが、やりたい、と手を挙げたからといって誰でもできる業務ではない。五輪という最大規模の国際大会で武器検査が担える人材となりうる定数がすぐには埋まらなかった。時間をかけ、組織委員会の精査のもと、ようやく24名が選出され、全日本選手権やアジア選手権、男子フルーレの高円宮杯など5大会に派遣し、訓練した。現場ではテクニカルオペレーションマネージャーの高橋理恵が中心となり、武器検査のオペレーションや人材配置を担う中、監督官という立場で、いわば武器検査におけるしんがりを務めたのが張西だった。

「みんな一生懸命やってくれていましたが、経験は違うので、当然わからないことが出てきます。そこでわからないままにするのではなく、必ず聞きに来るように、というのはこれまでの世界大会と同様に徹底してやってきました」

大会が近づき、準備が進む中、予期せぬ事態も起こる。最も困難を極めたのが、新型コロナウイルスの世界的大流行だった。

20年に行われるはずだった東京五輪は前代未聞の延期決定が下され、直前まで、開催するのか、しないのか。そもそもこれほどの世界的危機に開催していいのか。

さまざまな世論もぶつかり合う中、当初武器検査のスタッフとして参加するはずだった人員の中にも辞退を希望する声も上がった。

ただでさえギリギリの人数しかいないのに、本当に開催できるのか。最後まで不安を抱きながらの開幕となったが、本番の会場、運営スケジュールで行うテスト大会も含めた6大会の派遣、訓練を経て確定した24名が武器検査を担当、少しでも無理のないスケジュールをと考慮し、2グループに分けたシフトを組んだ。

「とにかくコロナ対策には気を配りました。もし1人でも陽性者が出れば、他のスタッフも濃厚接触者になってしまう。24名のメンバーに補欠はいませんでしたし、器具を扱う以上物を通して接触感染があるかもしれない。消毒、検査を徹底して感染対策に努めましたが、何か起きたらどうすればええんや、というのは常に頭の中にあり続けました」

徹底した対策の甲斐あって、開幕から競技最終日まで1人の陽性者も出ることなく終了した時、心底ホッとした、張西はそう言う。

本来ならば必要ないはずであったコロナ対策に気を配り、神経を注ぎながらもS

ＥＭＩ委員として東京五輪では新たな試みも為された。コールルームでのフルーレのメタルジャケットのチェック方法を変えたことだ。

選手はユニフォームの上にメタルジャケットを着用しているから、剣を突けば剣先のセンサーが反応する。当然のことなのだが、中にはメタルジャケットの範囲を少しでも狭めれば突かれるポイントが減る、とばかりに試合では小さめのメタルジャケットを着用したり、えぐったりしてより範囲を狭めようとする選手も出てきた。その対応策として、東京五輪では武器検査の際には持参するだけのメタルジャケットを、コールルームでは実際に着用した状態でジャッジした。

「ほとんどの選手はルール通りですが、ごくまれにそういう選手も出てくる。ならば我々も徹底しよう、と。東京、日本で開催されればここまできちっとやるのか、と世界に向けて発信することにもつながったはずです」

まさに〝怒涛〟のごとく過ぎた２０２１年、東京五輪の夏。

ＳＥＭＩ委員としての責務を果たす一方、張西は男子エペ団体の金メダルも、ピストと同じ目線からその瞬間を見守り、喜びを分かち合った。
「エペもずっと頑張って来て、選手個々のランキングも高かった。行けるやろう、と思う一方、五輪という晴れ舞台で金メダルという目標が達成できるかといえばそう簡単ではない。でも、やりよりましたね。とにかく加納（虹輝）がすごかったし、サーシャ（ゴルバチュクコーチ）も見延（和靖）も、山田（優）も、宇山（賢）も頑張った。何十年という長い年月をかけてきたからこそたどり着いた、最高の成績でした」

振り返ればいくつもの分岐点があり、もしもそこで違う選択をしていたら、この結果にはたどり着いていなかっただろう、と噛みしめる。

１９９７年の大阪国体へ向け、再び自分がフェンシングの現場へ戻ることがなかったら。ＦＩＥの委員会委員となり、オレグを招聘することがなかったら。
「最初は、何やっとんねん、と笑われるところからのスタートでしたけど、でも何としてもやってやろうと、どれだけ反対されようと改革のために貫いた。五輪でメダルを獲る、なんて誰も本気に思っていない頃からでしたから。でも僕はね、根本的に何でもそうですけど、とことんやるのが信条ですから、目標を立てたらそこに向かってとことんやるんです。たとえ時代が変わろうと、どんな問題があろうともそれぞれの時代に合わせてとことんやるし、徹底的に追及する。その気構えがなかったら無理でしょう。選手やコーチ陣、周りにも恵まれて、一つの道筋はつけられたのかな、と思いますよ」

妥協なく、突き進む。張西の執念が、後の快挙へとつながった。そして積み重ねてきた実績を高く評価され、２０１８年には旭日双光章の叙勲も受章した。

「いろいろな経験をして、東京五輪でエペ団体の金メダルという貴重なものも見せていただいた。僕の人生は最高ですよ」

張西のさまざまな決断と、行動力によって、今へとつながる道が拓かれた。

〝兄貴〟としての役割

齊田 守

スポーツの世界には、いたるところに〝兄貴〟や〝姉御〟がいる。

苦しい時や、迷った時、グイッと背中を押してくれて、進むべき道がわからず途方に暮れていたら「こっちへ来い！」と大きく手を振り、笑顔で叫ぶ。

いついかなる時も情熱と、愛情を注ぐ。日本フェンシング協会元理事で、強化委員長も務めた齊田守はまさにそんな、フェンシング界の〝兄貴〟だ。

フェンシングを引退して間もなく、商社マンとして働いた頃に残した逸話がある。

「当時は人事部にいて、東大や京大、一流国立大学の学生を担当していたんです。ある時、京大の内定をもらった学生が、東大のテニスサークルで対抗試合をした時に、就職の話になり、大手総合商社から内定をもらったという東大の学生に『兼松に齊田さんっていう面白い人がいるから、会ってみろよ』と言ったそうなんです。そうしたら次の日、その東大生は何のアポイントもなく会社に『齊田さんっていう方、いますか？』と名指しで会いに来た。聞けば『東大の山本です』と。高級スーツで、何だこの学生は、と思ったけれど話してみたら面白い。福岡の明太子屋の倅か、と意気投合して『うちの会社に来い』と言ったら、他の内定を断って本当に来た。『男の約束ですから』って。だから僕も『よしわかった、俺が面倒見るから』と会社のことはもちろん、すぐフェンシング道具を一式揃えさせたんです。僕の得意分野はサーブルだから、とサーブルの道具を揃えさせて、そこからフェンシングを始めさせて、教えていったら全日本選手権の団体で2位になるまでの腕前になった。巡り合わせって、面白いものですよね」

その学生が後に日本フェンシング協会理事で、副会長を務めた山本正秀だ。北京五輪で初のメダル獲得を目指そうと、本気で強化に務めようと打ちだすも、資金難と直面する状況で、山本の父であり「やまや」創業者の山本秀雄会長は全面的に支援し、日本フェンシング協会会長も務めた。

切っても切れない縁、をいくつもつないできたのが、他ならぬ齊田だった。

法政二高から法政大、フェンシング選手としてエリートコースを歩み、五輪を目指す。現役時代は齊田自身もサーブルの日本代表選手として活躍した。しかし、フルーレ、エペと比べてもサーブルにおける世界の壁は厚く、1964年の東京五輪以後、１９９２年のバルセロナ五輪まで日本男子サーブル選手は五輪出場が叶わなかった。

そしてそのバルセロナ五輪の出場をかけた選考会で敗れ、齊田自身は現役引退を決めた。

母校の法政大でコーチとして指導に携わるも、活動費はほぼすべてが自費。合宿、遠征と出ていくばかりで収入はゼロ。家族の支援を受け続けるわけにはいかない、と商社の兼松に就職し、仕事とフェンシングの指導に明け暮れてきたが１９９３年に父が体調を崩し、実父が経営する三洋紙業へ。いずれにせよ社業とフェンシング、二足の草鞋を履きながら、法政大のみに留まらず、ジュニア代表やユニバーシアード代表の監督、コーチを務めるなど、強化の中枢で辣腕を振るった。

転機は、２００２年にポルトガルで開催された世界選手権だった。

アンダーカテゴリーの指導経験はあったが、ナショナルチームのコーチとして世界選手権に出場したのはこれが初めて。１人でも多くの選手を勝たせたい、と意気込むも、結果はベスト64から32が精いっぱい、という惨憺たるものだった。

何より齊田が愕然としたのは、大会中にコーチ全員、団長以下スタッフ全員が集まった場での他種目のコーチ陣が発した、いわば言い訳とも言える弁明だった。

「日本からポルトガルへ来て、時差ボケがあったので力を発揮できませんでした、と言うのを聞いて驚きましたよ。いやいや、俺たちは勝ちたくてここに来ているんじゃないのか、と。今思えば生意気ですけど、その空気に我慢ができなかったんですよね」

何か意見があれば言ってほしい。副団長の張西厚志の呼びかけに、齊田は即座に言った。

「僕を含めて全員ダメです。変わるべきです。だって、僕たちは勝ったことがないんですよ。それなのにこの先、世界選手権や五輪で勝てますか？　ロシアを見て下さい。ロシアは金メダルを5個獲りました。日本はどうですか？　ベスト16でいいんですか？　自分たちは自費だからそこまで責任を持てない。それでいいんですか？　ダメでしょう」

同時に提案したのが外国人指導者を招聘すること。以前もフランスやイタリア、フェンシングの強豪国からコーチを招聘したことはあったが、練習場にもスーツ姿で訪れ、ろくに指導もしないのに、冷蔵庫へ常にワインを入れておけ、と指示をする。

世界ではまだ弱小だった日本は、完全になめられていた。本気で勝つためには、日本を本気で勝たせる指導者でなければならない。齊田の呼びかけに、張西を始め、周囲も本気になった。

「当時の指導者はみんな高校や大学の教員なので、ナショナルチームとはいえ指導が学校教育の延長でした。インターハイで勝とう、インカレで勝たせよう。そういう世界のままでは何も変わらない。でも同じ頃に韓国や中国、同じアジアが台頭し、世界で勝てるようになってきた。もうそうなれば体格や環境を言い訳にできない。あれから、大きく流れが変わりました」

その2年前の２０００年のシドニー五輪男子フルーレ個人では韓国が金メダルを獲得。同時期に五輪の出場方式も変わり、かつては日本国内でのランキングのみが選考基準だったが、世界ランキングで定められた中に入らなければ出場権を得ることができなくなった。フェンシングのみならず、シドニー五輪の成功を機に、オーストラリアのナショナルスポーツ拠点となるＡＩＳにならい、日本も２００１年にＪＩＳＳを設立。五輪競技の強化に本腰を入れて取り組み始めた時期でもあった。

ここで動かない理由はない。齊田は強い日本フェンシングを実現する環境づくりへ向け、本格的に歩み始めた。

欠かせないのが、太田雄貴の存在だ。

齊田がジュニアを指導していた頃から、太田はすでに頭角を現し、平安高時代はインターハイで前人未到の三連覇を達成。「日本フェンシング史上最高の逸材」と多くの期待を集めていた。

ならばすぐにでも世界へ連れて行くべきだ。「まだ早い」と大学生や社会人を前提とした日本代表にしようとする周囲を敵にしてもいい、とばかりに齊田は太田を推した。

「これからを考えたら、太田を使わないと意味がない。実際彼もその期待に応えて大活躍したので、これ以上ない形で周りを納得させてくれました」

現場に最も近い理事だったからこそ、選手の目線に立つだけでなく、これからを見据えた時に変えなければいけない課題が齊田にはいくつも見えた。

たとえば審判。国際大会へ出場する際は日本代表として選手や監督、コーチだけでなく帯同審判員も連れていかなければ、その分を他国から借りると見なされ費用がかかる。だが、海外へ遠征させる費用とは比べるまでもなく、わざわざ審判員を別枠で連れていくことができなかったため、審判の資格も持つ齊田が監督やコーチと兼任した。

さぁこれから試合、と気合を入れて選手とレッスンをしたいところで審判員として呼び出しがかかり、審判を終えるか終えないかというタイミングで日本の試合が始まる。

「着替える間もないんです（笑）。これじゃあ勝てないよ、と。すべてをアマチュアからプロにしないとダメ。コーチもお金を出してプロとして責任を取ってもらう人を呼ぶ。レフェリーも育てないとダメ。そういう環境に整えていくことが全部、結局はメダルにつながることだろうと。僕は絶対に五輪でメダルが欲しかったし、金メダルが欲しかったですから。そのためにどうするか。見えるのは課題ばかりでした」

2003年に男女フルーレ統括コーチとしてオレグ・マチェイチュクが来日してからは、より一層、その課題は浮き彫りになった。

「オレグ、俺たちはどうすればいいかな？　どうすれば日本が勝てる？」

問うたび、オレグはこう答えた。

「齊田さん、フェンシングの〝世界〟を見て下さい。日本人はどれだけいますか？　審判コミッションにもいない。ルールを決めるセクションにもいない。どこを見ても日本人はいない。こんな状況で勝つこと自体が難しいですよ」

選手の競技力を高めることはもちろんだが、それだけでは勝てない。微妙な判定になっても欧州諸国と比べ強弱をつけられないよう、世界の舞台に立つ審判が必要だ。何よりFIEに日本人の理事を入れなければならないし、国際大会を日本へ招致するためには会場運営のトップであるDT（フランス語〝Directoire Technique〟

の略）も日本人でなければならない。

「雄貴はどんどん世界で勝って行く。でもそのたび、絶対に理不尽な悔しさも味わうんです。あの1本は、絶対に俺だったのに、と思うこともたくさんあったはずです。世界の舞台で戦え、と言った選手が本当に世界で戦う選手になり、五輪のメダルだって十分狙える位置へ行き、北京では本当に銀メダルを獲ってきた。ここからは組織として強くならないとダメだろう、と心の底から思いましたね」

国際フェンシング協会の理事になるには、まずアジアで理事に選ばれる事も重要で、そのための選挙がある。北京五輪で太田が個人の銀メダル、さらに4年後のロンドン五輪では男子団体フルーレで銀メダルを獲得し、国内外でフェンシングの知名度も上がったからこそ、一段階先へ進む。

東京五輪招致へ向け気運も高まる中、相次いでアジアで理事を当選させた。北京五輪までは男女フルーレを統括するオレグだけだった外国人指導者も、女子フルーレや男女エペ、サーブルとそれぞれに専門のコーチを招聘。その交渉役を買って出たのも齊田だった。

「適材適所に人を配置することが絶対的に必要だと思ったんです。だからコーチを選ぶことにしても、僕もコーチの経験があるし、できないわけじゃない。だけど僕がコーチとしてやるよりも（サーブルはリー）ウッチェがやったほうがいいだろう、オレグも１人ですべてを見るのではなくサブの日本人コーチが必要だ、女子はフランク（ボアダン）がいい、とか。選手が勝つための環境づくりを一番に考えて、そこから話し合う。そうやって丁寧に進めていけば、本当に何を欲しているのかが見えてくるんです。雄貴の頃は、何もない状態からスタートしましたが、彼らが築いた実績のおかげで、どんどん環境も整い、あることが当たり前になってきた。そうなると、気づかぬうちに選手も甘えが出てくる。あれが欲しい、ああしてくれ、と言うのはわかるけれど、当然そのすべてには応えられません。だからそういう時は僕が選手たちと直接話すんです。『言いたいことはわかるよ。でも、そこまで求めるならここまでの成績を出してからじゃないと厳しいから、ここまではやってほしい』とちゃんと伝える。選手も与えられるのが当然だと思っちゃいけないし、そうなったら成長しない。だからＮＴＣで合宿をしている時に、食券を落としても知らんふりしている選手に対して、『国の代表としてここにいるお前の食券1枚、どこからお金が出ていて、その理由がわかっているのか』と激怒したこともありましたから」

選手のためであることは揺るがない。だから叱る時は徹底して怒り、でもフォローする。その塩梅が〝兄貴〟たるゆえんでもある。

「本当は選手のために何だってやってやりたいですけど、限界がある。だからまずは少しでも日本、日本選手にとって不利にならない環境をつくり、日本国内では不自由なく練習できる環境をつくる。ぼくが考えていたのはそれだけでしたね。北京やロンドンの頃はどうしてもフルーレに強化費が注がれがちで、他種目の選手がその違いを忸怩たる思いで見てきたのもよく知っています。〝我慢してくれ、あと少し頑張ってくれ、俺が何とかしてやるから〟と。選手に必死でやれ、と言うんですから。それ以上に僕たちは必死に、真剣にやらなきゃダメだと思っていたし、何とかしてやりたい。そのためなら何だってやろう、と思っていました」

邁進する日々はどこへ続くのか。ゴールはきっと1つではない。だが、何もない場所の土を耕し、種を蒔く。その芽が葉となり花を咲かす。そのための絶好の舞台がやってきた。

２０１３年9月7日。２０２０年の東京五輪開催が決定したのだ。

自国開催の五輪。どれだけ盛り上がるのか、とお祭り気分で胸躍らせる人たちが少なくない中で、齊田が抱いたのは危機感だった。

「ここでメダルが獲れなかったら、もう日本のフェンシングは終わる、と思っていました。今まで支えて下さったたくさんの方々のおかげでここまで頑張ってこられたこともすべてなくなって、もう1回初めから、それこそ50年前までさかのぼらないといけない。東京五輪でメダルが獲れないということはそういうことだと思っていました」

北京で太田が初めて銀メダルを獲得した際、メディアやさまざまなイベントで引っ張りだこになる中、マネジメント事務所に所属するまでの間、太田のアテンド役として齊田は共に全国を回った。帰国当初こそ、目まぐるしく変わる世界を楽しみながら、フェンシングを広めるチャンスと目を輝かせていた太田も、連日連夜、あちらこちらを飛び回り取材では繰り返し何度も同じことを聞かれる。日に日に疲弊する姿を見かね、「これ以上は無理」と日本フェンシング協会との調整をしながら、太田には「何とか頑張ってほしい」と労った。

「ようやくこの時が訪れたわけですから。苦しいし、大変なのはわかるけれど、でも何とか頑張ってくれ、踏ん張ってくれ、と。ここで一気に人生が変わるし、フェンシング界が変わるから、と僕も雄貴に託しましたよね。でも現実はというと、そんなに簡単でも甘くもない。念願だったメダルを獲った。僕たちはメダルを獲った〝から〟に続いて行くと思っていたけれど、実際はメダルを獲った〝けど〟だった。あんな思いをさせちゃいけない。ここから前に進むために、何としても銀から金へ、壁を越えなければならない。それだけでした」

　北京五輪の後やロンドン五輪の後、メダルを獲った後は一時的に露出も増える。選手たちもこの機を逃さぬように、と懸命に駆け回り、それぞれが「フェンシング」をアピールする。だが日本で開催される大会は年に1~2度、五輪出場に向けた世界各国でのグランプリやワールドカップに出場しなければならないため、海外での試合がメインになる。国内で定期的にリーグ戦が行われる他競技と比べれば露出の頻度は限定的で、実際に２０１３年の日本選手権は千田健太と三宅諒、銀メダルを獲得した選手同士の決勝戦であったにもかかわらず、スタンドはガラガラ。

同じメダリストであっても、園遊会や紫綬褒章を受章するのは金メダリストだけ。悲願を叶えてもなお、頂点に届かないからこそ味わう現実を、齊田は忸怩たる思いで見つめ、打破するためのいわば最後のチャンスが東京五輪だと思っていた。

　選手の練習場所がない。指導者がいない。そんな苦難の時代は北京を機に少しずつ変化を遂げ、ロンドン、リオデジャネイロと五輪のたびにＪＯＣからの支援は増え、補助金も増えた。かつては「団体戦は3名プラス1名、計4名がメンバーだから」と伝えても、１名は補欠なので自己負担。二度の五輪やアジア大会で男子フルーレだけでなく、女子フルーレや男子エペ、女子サーブルも結果を残し、日本のフェンシング全体がレベルアップしていると強く印象付けた。

　この力、歩んできた道は本物だ。そう証明するために、是が非でも勝たなければならない。世界で勝つため、ではなく、五輪で金メダルを獲るために、日本フェンシング協会の東京２０２０対策委員会委員長として齊田は変わらず奔走した。ＪＩＳＳだけでなく、ＮＴＣにもフェンシング専用の練習場をつくることになった際は、世界の強豪国とされる国々はどんな環境で練習しているのか。イタリア、フランスを当時の会長星野正史氏と視察。その過程で出会った人物の才覚に着目し、新たな委員として招聘するなど、ソフト面、ハード面で環境整備に努めた。

日本フェンシング協会内では自らが動き、五輪の中枢、組織委員会には長年日本フェンシング協会の国際委員会で活躍、ＦＩＥからの絶大な信頼を得て東京五輪招致でも活躍した、加藤裕子をスポーツマネージャーに起用。かつての栄光にすがるばかりでなく、これからにつながる大きな一歩とするために、若い力は不可欠だと考えた。

「少し嫌味な言い方をすると、東京五輪では多額のお金が動く。なおかつ華やかで、こんなことをやった、と肩書きを自慢することもできるから、それなら自分がやりたい、という人もたくさんいたはずです。でも、それじゃダメ。これからを見据え、理念があり、行動力、語学力と抜群の能力がある。そんな人間は彼女しかいなくて、彼女がつくるチームこそが、フェンシング界としてもこれからにつながると思いました。日本フェンシング協会と組織委員会は近いようで遠いから、僕らにはタッチできないことも彼女なら託せる。中のことは頼むよ、俺も全部支えるから、という気持ちでした」

だが、予期せぬ事態が起こる。

２０２０年３月24日、新型コロナウイルスの世界的大流行に伴い、東京五輪の一年延期が決定した。

選手、スタッフにとって人生を揺るがす決定ではあったが、人命には代えられない。たとえ延期になろうと粛々と、今はできることをやっていくしかない。不安を訴える選手に対しては「大丈夫だよ、できると信じて頑張れ」とハッパをかけたが、延期した一年も決して順風満帆ではなく、むしろ大会が近づくたびに次々見舞われる新たな事態や、世間からの五輪開催に対する逆風が吹くたび、齊田も心を痛めた。

「すごくね、悩まされました。本当にやっていいのか。僕もスポーツに携わる1人の人間として、簡単に正解は見つからなかった。こんなにコロナが猛威を振るう中、五輪に税金を使っていいのか、と言われたら誰も答えは出せない。でもね、そういう時に選手たちの顔が浮かぶじゃないですか。ここまで本当に必死で、それこそ命をかける、人生をかけるじゃないけれど、この五輪という瞬間のために頑張ってきた選手たち、その1人1人にストーリーがある。それを何とか成就させてあげたい、たとえ無観客でもいいから、とにかくやらせてほしい、やらせてあげたい、という気持ちだけでした」

海外からの観戦客を認めず、全会場が無観客開催。これまで必死で準備してきた組織委員会で働く加藤や、サービスマネージャー、テクニカルマネージャーとしてそれぞれの責務を果たす面々の顔が浮かび、どれほど無念か、と心が痛んだ。だがそれでも、いやだからこそ、前へ進まなければならない。

数えきれないほどの葛藤を繰り返しながらも迎えた7月23日、東京五輪、開幕の日を、齊田は祈るような思いで迎えた。

開会式の翌日に男子サーブル個人戦、女子エペ個人戦が行われるも、男子サーブルの島村智博、吉田健人は初戦で、ストリート海飛は2回戦敗退。女子エペの佐藤希望はベスト16。翌日の女子フルーレ、男子エペには個人戦でのメダル獲得が期待される選手が揃い、上野優佳は8位入賞を果たすも、東晟良、姉の東莉央は2回戦敗退。男子エペの山田優は8位入賞も見延和靖、加納虹輝は3回戦で敗退。さらに個人戦最終日の女子サーブル、男子フルーレが開催された26日も、青木千佳が初戦、田村紀佳が2回戦、江村美咲が3回戦敗退。最後の砦となった男子フルーレも敷根崇裕が準決勝進出を果たすも3位決定戦で敗れ、松山恭助も3回戦で1本勝負の末に惜敗。西藤俊哉も同じく3回戦で敗れ、個人戦でメダルを獲得することはかなわなかった。

抱くのは悔しさと焦り。だが、落ち込むばかりではいられない。

「男子フルーレで崇裕が負けた時、僕もちきしょー、と思うわけですよ（笑）。もう悔しくて、悔しくて。恭助もこれまでの戦い、確率で見たら一本勝負にめっぽう強いので、内心は一本勝負に行った時点で〝よし、行ける〟と思っていた。でもその1本がとれないのが五輪なのか、と。でもまだすべてが終わったわけではないんだから、ここで切り替えて団体で行くしかない。（日本が出場権を得られなかった）女子エペの団体で1日空いたので、ここでリセットしてもう一度ここから行くぞ、と。ロンドンとリオは（テレビ中継の）解説だったので、今回は純粋に僕も見る立場、フェンシングに携わる1人として応援して、一緒に戦っていました」

男子サーブルが9位、女子フルーレが6位と厳しい戦いが続く中、迎えた7月30日。男子エペ団体戦。初戦のアメリカに苦戦を強いられ、一時は8点差をつけられ、あわや初戦敗退か、という状況まで追い詰められた。コロナ禍で入場制限もあり、限られた役員、スタッフしか来場できないうえ、声を出して応援することはできない。わかっていても、劣勢から1点、また1点と返すたび、抑えようとしても声が出た。

行け！

祈りと願いが通じたのか、8巡目で見延に代わって投入された宇山賢が巻き返し、アンカーの加納へ。抜群の勝負強さと度胸を買われ、最年少でアンカーに抜擢された加納がその期待に応え、連続してポイントを叩き出し、鮮やかな大逆転勝利。続く準々決勝では世界ランク1位（五輪当時）のフランスを相手に一本勝負を制し、準決勝進出。韓国を打破し、ＲＯＣとの決勝。崖っぷちから這い上がった強さを見せつけるかのように、初戦の苦戦など微塵も感じさせない強さを発揮する。

相手の攻撃をかわし、最後の45点目を加納がもぎ取った瞬間、歓喜に沸く選手たちを遠目で見ながら、齊田は心の底から安堵した。

「やっとこの時が来た、と。やったぁ、とガッツポーズで力がみなぎる感じではなく、よっしゃ、と喜びながらも力が抜ける感じ。あー、よかった、と。嬉しいんだけど、それよりもとにかくホッとしました。これで、終わらないぞ、って」

勝利の瞬間からは怒涛のごとく、歓喜する選手を称え、取材や撮影に応じる選手を見守り、運営にも目を配る。だがさすがに表彰台の一番上で金メダルを胸にかけ、会場に日の丸が掲げられ、君が代が響いた瞬間は、胸にこみ上げる万感の思いがあった。

改めてその喜びを噛みしめたのは、試合を終え、会場近くのホテルに戻ってから。

元男子エペ日本代表選手で、20年までコーチを務めた西田祥吾に電話をかけた。

「やったな」

電話越しで、西田が泣いていた。

本来ならばコーチとして共に選手と戦うはずだったが、家族の事情で帰郷を余儀なくされ、日本代表のコーチも退いた。道半ばで去ることを西田は詫びたが、教え子で、同じ法政大の後輩であるというだけでなく、この金メダルに西田が不可欠な存在だとわかっていたから、齊田は一番に喜びを分かち合いたかったと振り返る。

「サーシャ（オレクサンドル・ゴルバチュクコーチ）の教え子で、選手の気持ちが一番よくわかる存在。それでいて決して偉ぶらず、威張らない。『走れ』と命じるのではなく『俺も走るからついてこい』というタイプの人間で、彼がいたからこの個性だらけの選手がチームとしてまとまった。そういう姿を見てきましたから、いろいろ言いたいんだけど、よかったな、しか言葉が出てきませんでした」

電話を切り、つい数時間前までの喧騒が静寂の中で蘇る。

同時に、これまでの数年、十数年の日々も走馬灯のように蘇り、初めて感情が溢れた。

「2004年のアテネ五輪でコーチとして開会式に出て、高揚した気持ちで臨んだけれど雄貴も（菅原）智恵子もボロ負け。その横で、金メダルを獲った選手がニコニコしながら僕の近くで写真撮影に応じている姿を見た時、『いつか俺もこの手のひらに金メダルを乗せたい。絶対に乗せてやるんだ』と誓ったんです。あれから17年が経って、ようやくその夢が今日叶った。いろんな悔しさ、つらさ、そういうものが一気に吹き飛ぶような感覚で、心の底から『五輪をやってくれてよかった』『ありがとう』って。いろんなことが蘇って、ホテルの部屋で1人になった時、初めて涙が出ました」

夢が現実になった喜びに浸りながらも、また翌日になれば朝が来て、別の種目でメダルをかけた戦いが始まり、金メダルを獲った男子エペの選手たちは各メディアに引っ張りだこ。あわただしい日々がスタート、いつまでも金メダルの余韻に浸るばかりでなく、いやがおうでも「次」や「これから」を意識させられる。

「選手たちは五輪の4年周期で目標を立て、そのために何をするか。具体的に課題を出して、潰して、次に向かう。同じように僕らも東京を終えて、次はパリ、ロスと五輪で勝てる選手、チームを育てるために進んで行かないといけない。これで終わり、ではないですよね。東京五輪が終わったからもう日本で開催しません、ではなく、もっと組織としても強くなる、世界に誇れる力をつけるためには強化だけでなく運営の面でも力をつけなければなりません。コロナ禍で高円宮杯（ワールドカップ）は2年連続キャンセルになりましたが、２０２６年には愛知でアジア大会が開催される。そこでまたゼロからスタートではなく、東京まで上乗せ、上積みされたことを活かさないといけない。時間はあるようでないですから」

東京五輪の開幕へ、決してポジティブな報道ばかりではなく、むしろネガティブな話題も少なくはなかった。

だがそこで「獲れなければ終わり」とまで危機感を抱きながら金メダルを獲得した。描いた夢は叶ったが、もちろんこれで終わりではなく、むしろ「これから」に向け、新たな課題も山積みだ。

経験したからこそ見えたもの、わかったこと。

金メダルを獲った選手たちが華やかなスポットライトの下で照らされ続けるように、とその照明の角度を考え、舞台の高さを保つべくネジを回し、調整してくれる人がいる。

剣やグローブ、普段何気なく使う道具を精魂込めてつくり、試合に臨むべく万全の準備をしてくれる人たちがいて、彼らが働く環境を整えるべく奔走する人たちがいる。

「何が正解かわからず、暗中模索しながら必死でつくりあげた。目に見えない誰かが支えてくれて、開催されたこの大会、感謝の心を絶対に忘れちゃいけない。それぞれの持ち場で、やるべきことを果たす。フェンシング界もまだまだ、前に進んで行かないといけない。また素晴らしいステージをつくり、そこで選手が思う存分戦えるように。強い組織にならないといけないですよね」

信念のもと、前へ進む。〝兄貴〟として強く、優しく見守りながら。

苦難の時も諦めず、時に周りを叱咤しながらも前へと歩み続けてきた。そしてその道は、決して1人では歩くことのできないものだった。

「この場を借りて私のような生意気な人間を温かく支えてくださったスポーツ庁・ＪＳＣ・ＪＯＣの方々、全国の正会員の方々、特に株式会社やまやコミュニケーションズ山本秀雄会長・山本正秀社長、永佐化工株式会社永岡訓二会長、ＮＥＸＵＳ株式会社星野敏代表・星野正史社長には本当にお世話になり感謝しかありません。心からありがとうございました、と伝えさせてください」

これからも大きな愛情と感謝を抱き、歩みを止めず進んで行く。すべては、フェンシング界の明るい未来のために。

尽力した一人の外交官

和田 潔

フェンシングの競技大会を運営するうえで、関わる人間は数えきれないほどにいる。

選手の招集や誘導などソフト面に携わる多くのスタッフや、実際に使用する武器やウェア、グローブをチェックするスタッフ、ピストの高さやライティングなど細部に至るまで会場設営を含めたハード面に携わるスタッフ。

照らされたピストの上で戦う選手と比べれば、決して陽の当たるポジションではないかもしれないが、ひとつとして欠ければ試合も大会も行うことすらできない。

そして試合の本番でそのすべてを取り仕切る最高機関となる技術委員会。DTと呼ばれるポジションは、組み合わせやピストの振り分け、担当審判の配置など、いわば大会全体を仕切る、総司令塔といった役回りを数名で行う。

そのDTを、日本人として五輪、東京大会で務めた人物がいる。

和田潔。名刺の肩書きには「外務省」と書かれている。今なお現役の外交官だ。

なぜ外交官がフェンシング？　多くの人が抱くであろう素朴な疑問。紐解けば、いくつもの偶然と巡り合わせが、意外にも思えるケミストリーを起こした。

尽力した一人の外交官

和田 潔

フェンシングとの出会いをさかのぼると、最初は上智大へ入学したばかりの頃だった。新入生を迎えた春、さまざまなクラブやサークルが勧誘に励む中、若き和田にもフェンシング部員から声をかけられた。

ちょっと面白そうだな。興味は抱いたが、道具が必要だ。初期費用としてどれぐらいあればいいか、と尋ねると「最低でも10万円」との答えに及び腰になった。当時はまだ親の支援を受けている立場で、さらに「フェンシングをやりたいからお金が欲しい」とは言えない。その時は交わることなく、フェンシングには触れないまま、上智大外国語学部フランス語学科を卒業。外務省に入省し、フランス、セネガル、スイス、米国など世界各国で職務に励んだ。

社会人になってから趣味でウィンドサーフィンやゴルフをすることはあったが、大学時代にすれ違ったフェンシングと、本格的に出会い、つながったのは２０１５年。在ストラスブール日本国総領事館に首席領事として勤務している際、管轄の地域機関・欧州評議会職員である１人の男性に出会った。

彼の名は、ジャン＝ミッシェル・メイエール。地元のフェンシングクラブ「ストラスブール・エスクリーム」のコーチを兼任。外交団らが出席するパーティーで一緒になり、世間話の流れから誘いを受けた。

「フェンシングに関心はありませんか？」

学生時代のように「面白そうだな」と思う一方、日本でも小柄な部類に属する自分がフランスでフェンシングをする姿など、現実的ではない。

「フェンシングは、他の多くのスポーツ同様手足が長く、背も高い人のほうが有利でしょう。私には向かないのではありませんか？」

彼は笑顔で言った。

「あなたが小さいということは、相手は相対的に小さな敵に対峙しなければならない。でもあなたは反対、相手は相対的に大きな的を提供してくれるのだから、小さいことは決して不利でもなく、大きいことが有利でもない。それがフェンシングですよ」

ウェアや道具一式を貸すから、試しに一度体験してみたらどうか。その言葉に導かれるように、クラブ「ストラスブール・エスクリーム」へ足を運んだ。広い室内施設には、合計22本の審判器付きアルミ・ピストが常設され、トップ選手ばかりでなく、子どもや年齢を重ねた老人まで幅広い層の人々がフェンシングを楽しんでいた。車いすフェンシングの選手も同じ場所で練習し、すべてにおいて分け隔てがない。

初心者ならばエペのほうがわかりやすいから、とエペを体験し、興味を持った和田はすぐにクラブへ入会。仕事を終えた夜8時から9時半までの練習時間を活用して腕を磨き、地元の公式試合にも出場するようになった。

「いい意味でかしこまることなく、開放的。練習でも相手を定めることなくローテーションでグルグル回るので、全員が老若男女誰とでも更に車いすフェンシングも一緒に対戦するんです。フェンシングは身体の接触を伴わない格闘技なのでそれが可能でまたごく当たり前。審判も老若男女が入り交じり、女性の審判員はハイヒールでピストに立ったり車いすのアフリカ系男性が健常者の審判をしたり、日本では考えられないぐらいとにかく自由（笑）。私もフランスフェンシング連盟登録だったので、〝ＦＲＡ〟のゼッケンをつけて試合に出た。楽しかったですよ」

スポーツとしてのフェンシング発祥の地フランスにはストラスブールだけでなく、さまざまな街に少なくとも１つは必ず同様のフェンシングクラブがある。フェンシングの普及や、後に世界のトップ選手を輩出する環境としても抜群。

最初は誘われ、何気なく始めたフェンシングを和田も楽しんでいた２０１７年、ストラスブールへ３人の日本人がやってきた。

当時の日本フェンシング協会会長であった星野正史と専務理事の齊田守、元フェンシング選手でＦＩＥ事務局に派遣されることになる森友紀。３人は、来る２０２０年に開催される東京五輪へ向けた日本でのフェンシング施設、環境づくりに向けた構想を練る参考として、クラブ「ストラスブール・エスクリーム」の元会長フレデリック・ピエトルスカを訪ねてやってきたのだ。このピエトルスカ、実は１９７６年のモントリオール、１９８０年のモスクワ、１９８４年のロサンゼルスと３度の五輪に出場し、金１つ銅２つのメダルを獲得した元オリンピアンでメダリスト。引退後はフランス・フェンシング連盟の会長、ＦＩＥの事務局長を歴任したいわば、世界のフェンシングにおけるレジェンドとも呼ぶべき人。東京五輪のフェンシング会場を幕張に決めたのも当時ＦＩＥ事務局長だった彼の意向が大きかったという。しかしながら当時の和田にとっては地元クラブで出会っただけの好々爺。ピエトルスカから「せっかく日本人が来るのだから」と紹介され、和田も対面する。地元での活動やクラブの施設を紹介し、「外務省職員」であることから、

「私もそのうち日本へ帰ることになるので、その時は何かできることがあればお手伝いさせて頂ければ幸いです」

おそらく通常の場合は、このまま社交辞令のように終わってしまうことがほとんどだろう。だが、意外なほど早く、和田と日本フェンシングの縁が結ばれる。同じ年の10月に帰国すると、即座に齊田から連絡を受けた。

「和田さん、協会の東京２０２０対策委員会に参加してくれませんか？」

聞けば、東京五輪へ向けた準備が本格化する中、さまざまな分野におけるスペシャリストを日本から出さなければならない、と言う。ボランティアなど人を動かすスタッフや、武器検査や会場整備などハード面を担う人材、運営を統括するＤＴ

等。五輪ではいくつかの役職で開催国枠が与えられ、ＤＴにも開催国から１名の枠が割り当てられる。但しＦＩＥは、開催国に適格者がいなければ経験を有し人材を擁する近隣国から該当者を指名すると言う。

五輪の成功だけでなく、日本フェンシング協会としては将来を見据えれば人材育成は絶対条件であり、今後国際大会を多く招致・開催していくためにも国際的なスキルを身に付けたＤＴの存在が不可欠であるのは言うまでもない。そこで英語はもちろんだがフェンシングの公用語でもあるフランス語を専門とし、外交官として国際経験や交渉力を持つ和田が候補者の１人になった。とはいえ、それまでフランスで自身が試合に出たり、州の審判員資格（エペ）を取得しローカルな公式試合の審判員を務めた経験はあっても運営側はストラスブールで開催された国際試合の手伝いぐらいしか行ったことがない。いくら何でも経験ほとんどなしのままでは難しいのではないか。

協会は、この開催国枠のＤＴポストを公募し、和田もこれに応募。書類選考を経て５名の候補者に対する面接が行われた。この面接の席で和田は強調した。

「五輪というのは世界最高レベルの選手とコーチが参加する大会なので皆さん国際試合に慣れておられ、競技会運営自体はシンプルなものでしょう。むしろ五輪のＤＴに求められるのはあらゆる国籍のスタッフや選手等との外国語によるコミュニケーション能力、国内外の関係各機関間における調整能力、そして有事の際の危機管理能力でしょう。これが私の本職です」

　競技会運営自体は、カテゴリーが上がれば上がるほど楽です、と和田は笑う。

「一番難しいのは子どもの大会なんですよ。大人と違って何をするかわからない。フランス人の子どもたちにはお行儀が良くないのがいますから、試合が終わってマスクを取って殴り合いを始めたり、泣きながらケンカしたり。試合中もどこかへ行ってしまって帰ってこないとか、悪気なく反則をするのが子どもなので、それはもう大変です（笑）」

　この公募で採用が決まった和田は、国際試合でのＤＴとしての経験値を高めるべく、日本フェンシング協会から選手や審判同様にさまざまな大会へ派遣された。国内開催の全日本選手権や高円宮杯はもちろん、２０１９年にトルン（ポーランド）

で開催されたジュニア・カデ世界選手権やブダペストで行われた世界選手権など、さまざまな大会へＤＴとして参加。国家公務員であるため報酬は得られないが、東京五輪の成功へ向け、世界中を駆け回る。これらの国際試合でのＤＴ業務の実績が評価され、和田は２０１９年９月のＦＩＥ執行理事会で、２０２０年東京五輪大会及びそのテストイベントとして幕張で開催される高円宮杯のＤＴメンバーに任命される。同時に五輪のＤＴに任命されたのはロシア人（リーダー）、スウェーデン人、ブラジル人、チュニジア人、フィリピン人。全員国籍がばらばらの国際チーム。但し和田はこれらメンバーとすでにトルンのジュニア・カデ世界選手権かブダペストの世界選手権、ないしはその両方の大会で一緒にＤＴ業務を務めた経験を有していた。

「大会を運営するという面において、五輪というのはある意味非常にシンプル。さまざまな経験をさせていただいたからこそ、改めてそう思います」

一見すればかけ離れたように見える外交官の経験も、実はＤＴという異なる役職を果たすうえで共通することも少なくなかった。

「五輪という大会のＤＴになぜ主催国の人間が入るのか。それは有事の際、極論を言えば大規模災害やテロなど事件が起きた時、関係各機関間、特にＦＩＥと組織委員会の間で板挟みになる役割が必要だからではないでしょうか。私は、外交官・外務省職員として、板挟みになることには慣れていますから」

和田が在アルジェリア日本国大使館で参事官として務めた２０１３年、現地で日本人が犠牲になるテロ事件も起きた。さかのぼれば１９９６年に在ジュネーブ国際機関日本政府代表部に勤務していた当時は、ペルーの日本大使館公邸での人質事件が発生。リマに出張して現地対策本部に合流。その際も、さまざまな交渉や危機管理対策に携わった経験がある。

もちろん何事もなく無事、開催され閉幕を迎えることが最も望ましい。だが万が一、という事態が生じた際の経験値において、右に出るものはいない、ということも正式に東京五輪のＤＴへ任命された決め手となったのではないだろうか。

命が懸かる中での交渉事と、フェンシングの大会運営を比較するのは違うように見えるが、実際にＤＴとして携わるうち、他にも多くの共通点を感じていた、と和田は言う。
「外務省の仕事で日本国内やニューヨークなどの世界各地でＧ８（当時）サミットや国連等の国際会議のアレンジを担当していた時期があります。その経験から、実際にフェンシング世界選手権など、国際大会の運営に携わった際も外務省の国際会議アレンジの仕事とフェンシングの国際大会ＤＴの仕事は結構似ているし共通点が多い、という印象を持ちましたね。国際会議でもマルチ、または二国間での会談をアレンジし、参加各国の首脳や閣僚、通訳、警護官などの同行者や会議参加者を呼び出し所定の場所にタイム・スケジュールに従って誘導・配置したりするのですが、ＤＴもさまざまな国籍の選手やコーチ・メディカルスタッフの国別チーム、審判などを同様な形で分刻みで回している。立場は違えど、共通点は非常に多いように感じます」

２０１９年12月のテストイベント高円宮杯は無事開催されたが、その後全く予期せぬ新型コロナウイルスという新たな難題に見舞われ、東京大会は1年間延長。そして２０２１年の大会直前でＦＩＥ代表団構成員が入国する際ビザが下りず、最終段階の確認が山積みである状態で組織委員会が四苦八苦したこともあったが、来日する関係者が居住する国の大使館領事部との折衝方法を助言するなど、いかなる時も冷静に自らの責務を果たした。

ほとんどがフェンシング経験者ばかりという中、世界を見渡しても、ＤＴを含め、ＦＩＥの理事や役員に外交官がいることなどまれ。いや、ほぼゼロと言っても過言ではない。その経歴を活かし、ＪＯＣの国際人養成アカデミーに参加・修了、翌年の新規受講生に活動紹介を行うなど、活躍の場を広げてきたが、スポーツ界、フェンシング界にどっぷりと浸かってきたわけではないからこそ、見える景色や抱く疑問もあると言う。

「国際人養成アカデミーには本当にあらゆるスポーツ界からさまざまな方が参加されていて、その中で国際的な仕事をするためのスキルを学び、スポーツに関わる人たちがどういう発想、どういうメンタリティを持って仕事をしているかと学ぶことができてとても有益でした。一方で、アカデミー修了後も他の競技団体の同僚からは『あの時はどうだったんですか?』と聞かれることも多くて。もっと普段から、密なつながりを持てたらいいのに、と率直に思っています」

たとえば2021年3月、新型コロナウイルスが世界的に猛威をふるう中、五輪出場権をかけ、フェンシング・サーブル男女代表チームが出場したハンガリーでのワールドカップからの帰国時、数名の選手が陽性反応を示した。当然ながら陰性が証明されるまでは帰国できず、現地での隔離処置など急遽の対応を余儀なくされた。日本フェンシング協会としても事実を隠ぺいすることなく、すべて明らかにし、メディア対応を含め状況を共有して対応してきたが、他の競技団体にとってもこの事態は他人事ではなく、どのような対応をしたのか、競技団体としてどう対処するのが正しい方法なのか、と国際人養成アカデミーの同僚から尋ねられたという。

さらにもっと小さなことに触れるならば、より多くの人たちにわかりやすく情報を発信できるように、と日本フェンシング協会のホームページがリニューアルされたことに対しても「どんな風につくっているのか」と和田に尋ねる他競技団体の関係者もいて、その都度日本フェンシング協会の事務局長につないだと振り返る。

「お互い興味を持つことはあるし、自分たちも活かせるから参考にしたいというのは素晴らしい姿勢だと思います。でも基本的なことを言ってしまうと、わざわざ私を通じて事務局長につながらずとも、もっと普段から連携を取れていたら『あのホームページいいですね、どんな風につくっているんですか？』と気楽に尋ねられるじゃないですか。現場で働いている人たちはみんな一生懸命、つながることや活かせるものがあるはずなのに、協会の垣根を越えるとこの人を通さないといけない、とか、この筋からお願いしないと、という上下関係の意識やしきたりがすごく強い。それも日本の体育会系特有で、礼儀を重んじるところなのかもしれないですけれど、もうちょっとフランクになってもいいんじゃないかな、と感じることもあります」

和田が描く原風景は、やはり最初にフェンシングと強い関わりが生まれたストラスブールのクラブだ。

年齢も性別もバラバラ、17歳から70歳近いメンバー達が〝フェンシング〟という1つの共通要素のもと同じ場所に集い、全員がファーストネームで呼び合い「ため口」で話す。上下関係などそこに存在するはずもなく、障がいを抱えたメンバーとも笑い合いながら冗談を言う。あんな光景が、日本でもごく当たり前に広がれば、と思うのはごく当たり前なこと。

五輪、という区分で言えば、パラリンピックとの融合ももっといい方法があるのではないか、と和田は言う。

「スポーツの現場に限らず、日本では社会そのものが分離されている感があります。フランスではブラインド・フェンシングという競技があり、これはエペ特有なんですが、健常者の人も視覚障がいがある人も、みんなが目隠しをして試合をするんです。スイカ割りのように、目隠しをした２人が並び、「アレ」の合図で試合をするのですが、健常者も視覚障がい者も条件は同じだから、同じレベルで試合ができる。団体戦も、普通に視覚障害がある人がチームの中にいる。練習でも健常者が車いすに座ってハンディがある同僚と対戦するなどすごく幅広い。日本でもこんな風に広がっていけばいいのにな、と思いますよね」

東京五輪、パラリンピックが大過なく終わり、２０２０対策委員会も解散した。日本フェンシング協会も新体制となったが、国際部会員、競技会事業委員会国際部門の委員、生涯スポーツ部会員就任が内定した。そこから選挙を経てＦＩＥの委員も視野に入れた活動を、と打診された。

「実際今年の選挙は落選しました（笑）。２００８年から２０１０年国連代表部にいた頃、さまざまな委員会に日本人が立候補して、いかに当選させるか、という現場にいたんです。一筋縄ではいかない世界だし、今はコロナ禍なのでニューヨークで行っていたような選挙活動が一切出来ない。やはり厳しかったですね。ただ日本の大会に目を向ければ、毎年行われる高円宮杯はＦＩＥ管轄のワールドカップですから、必ずＦＩＥのスーパーバイザーが来日します。過去2回、エペのジュニア・ワールドカップでも来日したＦＩＥのスーパーバイザーとの連絡調整役を務めさせてもらった経験もあるので、国際的な必要性があれば何でもお手伝いさせていただくことになっています。東京五輪は終わりましたが、外務省内でもその招致に携わる同僚皆様が奔走してきた姿も見てきましたし、同期は大阪万博の招致の責任者でした。各国大使館で働く同僚達にとっては、まさに重要な仕事なので、五輪後オールジャパンとしてさまざまな国際大会を招致することも含め、これからどう発展してつなげていくのか、というのが大切です」

東京五輪が閉幕したから終わり、ではなくここから先の未来へ。さらなる発展を視野に、和田が「参考になる」と話すのはサッカー協会の例だ。

「これはJOC国際人養成アカデミーで一緒だった同僚から聞いたのですが、日本では〝サッカー〟とつく競技はすべて、日本サッカー協会が管轄として取り込んでいるそうです。ワールドカップを頂点とする日本代表サッカーはもちろん、女子サッカー、ブラインドサッカー等の障がい者種目、さらにはフットサルやビーチサッカーの他、Eスポーツのサッカーもすべて一つの団体が統括。だから必然的に一体性、一体感が生まれ、人材も養成されています。日本人のみならず、外国人スタッフも非常に多く、まさにグローバル。マーケットが広いからとも言えますが、それだけではないでしょう。今は私のような立場は稀で、珍しい人材と考えられがちですが、近い将来、大学で国際関係を学んできた学生が『外務省へ入るか、商社に入るか、サッカー協会へ行くか迷っています』という人材がどんどん出てくるようになったら面白いですよね。サッカーのワールドカップは五輪に匹敵する国際大会であるというのは大前提として、サッカーはビジネスとして成り立っているのに対し、フェンシングはまだ及ばない。でもここから、新たな未来につながっていくといいな、と微力ながら何らかの貢献が出来ればと願っています」

　２０１９年にＮＨＫ大河ドラマで放送された「いだてん」。１９６４年の東京五輪招致への道のりを史実と共に描いた作品の中には、何人もの外交官が登場する。日本選手団として初めて参加したストックホルム五輪に出場した2選手を迎え、現地での世話にあたった領事がいたり、五輪開催権を譲渡してほしいとムッソリーニに直談判しに行く大使がいたり。当時ＩＯＣ委員で帰国途次の嘉納治五郎（ドラマ内では役所広司）を船内で看取り、また、１９５９年にミュンヘンで開かれたＩＯＣ総会に出席し１９６４年東京五輪開催立候補趣意説明の演説を行い、五輪の誘致に尽力した平沢和重（ドラマ内では星野源）も元々は在米日本大使館や在ニューヨーク日本総領事館勤務の外交官を務めていた。

　そしてドラマの世界に留まらず、現実の五輪、２０２１年の東京にも運営の現場で尽力した１人の現役外交官は、男子エペ団体チームが日本フェンシング界初の金メダルを獲得した瞬間に立ち会い、その試合の後でこんなことを考えていた。

「加納選手が優勝会見で話していたんです。『自分は、今回参加しているエペの選手の中で1番か、2番目に小さいんです。でも自分よりもずっと大きな選手を相手に、小さいというメリットを活かし、いろいろな手段を用いて勝ってきた』と。私がフェンシングを始める時に聞いた言葉、『身体が大きい人が必ずしも有利ではない』というのとまさに同じ。フェンシングというスポーツは本当に、大きければ有利とは言い切れない、魅力的な競技だ、と実感しました」

何がきっかけになるかなどわからない。フランスで見た原風景を、これからの日本に広げるべく、現役外交官の活躍はまだまだ続いていくことだろう。

裏方からの目線とは

森 友紀

アスリートファースト。

東京五輪開催にあたり、おそらく多くの人がその言葉を耳にしたはずだ。反対を唱える世論の声が高まろうとも、アスリートのために。

どこか常套句のように繰り返された「アスリートファースト」。本来ならそれは、満員の観衆が入った会場で、最高のパフォーマンスを発揮し、勝者は大声援で称えられる。その環境をつくり、そこでベストパフォーマンスを見せるべくすべてを注ぐ。それこそが、描いた「アスリートファースト」のはずだった。

だが2020年、世界は一変した。

誰もが開催を信じ、そのための準備を重ねてきた五輪は一年の延期を余儀なくされた。

多くのアスリートにマイクが向けられ、言葉を求められる。そのたび「今、自分にできるだけのことをする」と答え、開催が決定してからは「大会を開いていただけることに感謝したい」。皆がそう、口を揃えた。

では元アスリートはこの現状をどう見ていたのだろうか。

しかもただの元アスリートではなく、五輪の現場で運営スタッフ、サービスマネージャーとして働く。選手としての目線と、運営側の目線。五輪の最前線でサービスマネージャーとして尽力した森友紀が、喧噪の日々を振り返る。

五輪を目指したアスリートが、違う立場で五輪を運営する。新たな経験ばかりの挑戦は、実に、刺激的な日々でもあった。

フェンシングは小学5年から始めた。

たまたま近所にフェンシングクラブがあり、見様見真似でやってみるうち、面白くなり中学、高校、大学、大学卒業後も競技を続けた。競技を辞めた後、日本フェンシング協会でアルバイトを始める。

選手が海外遠征へ行く際、所属先に派遣依頼の文書を送ったり、国内大会の準備や、取材依頼があればその調整もする。日々絶えずある細かな事務作業をする中で、「面白い」と感じたのが国際フェンシング連盟を始めとする、国際関係のやり取りだった。

「選手の頃は、自分が目指す目標があって、それがなくなったら何をしていいかわからなくなってしまった。そんな時に日本フェンシング協会の仕事を始めて、得意ではないけれど挑戦してみよう、と思ったのが国際関係だった」

インターンでＦＩＥ（スイス）の事務局で業務を経験し、各国の選手を集めたトレーニングキャンプの実施や、フェンシング用具のドネーションプログラム等に携わった。ＦＩＥ総会にも同行させてもらい、各国や各大陸の会長と直接会う機会にも恵まれた。

ＦＩＥでの受け入れ期間を終えて帰国した後、組織委員会に加わった。そこでもＦＩＥで培った経験や人脈を活かし、東京五輪本番に向け与えられたのはフェンシング競技の「サービスマネージャー」のポジション。

会場の機器や選手が使用する武器を始めとする道具関連のハード面ではなく、その場に集う人たちの宿泊や、輸送、食事の計画や調整、選手や大会関係者向けのガイドの作成や、練習スケジュールの計画、関係チームとのミーティング等内容は多岐にわたった。さらには大会運営に関わるフィールドキャストや役員へ向けた研修計画、シフトの作成や配置も含めた人間関係のサービスを取り仕切る。それがサービスマネージャーの森に課せられた役割だった。

大会に向けて準備を重ね、開幕まであと半年と迫る頃、新型コロナウイルスの蔓延で世界は一変。当然ながら、森の仕事にも大きな影響が生じた。

何が正解で、どうすればいいのかが見えない中手探りで進める。定期的にＦＩＥの代表者とオンラインミーティングを行い、輸送や飲食、医療といった他チームと連携を図りながら、本番を想定したシミュレーションも行った。選手や大会関係者の来日が始まり、会場での活動が本格的に開始した。

「大会運営にはフィールドキャストの方々の力が必要不可欠でしたし、各チームをまとめながら中心となって大会運営を支えてくれたスーパーバイザーの皆さんの存在がとても大きかったです。オンラインでの研修を実施しながら、出来る限り繋がる機会を設けるよう心がけました。このような状況の中で活動することに不安や心配がないわけがない。でも大会中は皆さん笑顔で活動してくださって、感謝しかなかったです」

試合が行われている最中も、選手の誘導や試合結果の配布、練習エリアの運営等、また別の場所では人が動き、大会運営を支えていた。

8月1日に男子フルーレの最終戦を終え、フェンシング競技の全日程が終了した。

「この大会を迎えるにあたって、スポーツの価値がすごく問われた。今まではフェンシングしか知らなかった自分が組織委員会の中に入って、どの競技も一生懸命頑張っている人たちがいるとわかったことも私にとっては財産だし、フェンシングだけじゃなくて日本のスポーツ界全体がいい方向に向かっていくと嬉しい」

きっと今回ほど多くの「たら」「れば」がついてくる五輪はないはずだ。

コロナじゃなかったら。観客が入っていれば。考えても答えが出ないことを何度も思い返しても仕方がないであろう。

「理想はあったかもしれない。でも、私が関わった五輪はこの大会だった」

たとえ無観客でも、この場を目指し、たどり着いたすべての選手が、「ここを目指してやってきた」と思える場所であるように。ただそう願い、走り回った日々は彼女だけでなく、フェンシング界にとってもきっと、大きな財産となって残っていくはずだ。

レガシーとして残すもの

高橋理恵

五輪というビッグイベントの開催時、キーワードはいくつもあるが、五輪〝まで〟ではなく、五輪〝から〟を考えた時、大きなウェイトを占めるのが「普及」だ。

東京五輪でスポーツテクニカルオペレーションマネージャーを務めた髙橋理恵は、「まさか自分が五輪に関わると思わなかった」と言うように、彼女が軸としてきたのは「いかにフェンシングを広げていくか」。まさに〝普及〟の最前線にいた人だからこそ、抱く思いがある。

「フェンシングの競技人口を細かく見ると、高校生の世代が一番多くて、その後はガクンと減る。時間やお金がない、というのが大きな理由なんですが、一番は気軽にできる場所がない、ということなんです。サッカーやバスケ、バレーボールのような身近さはまだ難しいのかもしれないですけど、続けるには競技者として極めなければならないという現状ではなかなか厳しい。嫌いで辞めるのではなく、続けられないから辞めていく、という人が多すぎる現状が本当にもったいないな、と思うんです」

自身は高校1年からフェンシングを始めた。本当はバスケットボールやバレーボールをやりたかったが、栃木県内のスポーツ強豪校で、入学した時点でもうすでに練習参加している新入生もいて、見学しただけで「この中でレギュラーになれるわけがない」と諦めた。何気なく見たフェンシングは、ほとんどの部員が1から始めると聞き、それならば自分もやっていけるかもしれない、と期待を抱く。

同時に入部した7名も気のいい人たちばかりで「ここなら楽しくやっていけそうだ」と思った矢先、初めての挫折を味わう。

「(同期の) 7人全員で交流戦をしたんです。でもそこで私だけ全敗。そこそこ体力には自信があったのに、1個も勝てないってなかなかの屈辱ですよ。悔しくて泣いたし、あれが初めての挫折だったかもしれません(笑)」

それでも先輩や同級生のフォローや指導、持ち前の体力や運動能力を活かした戦い方を習得し、インターハイにも出場。大学は日大へ進み、フェンシング部に入部。高校時代とは一段階ステージが上がり、試合では日本代表選手と対戦する機会もあったが、どんな相手にもフットワークで負けない自信はあった。

「日の丸を背負った人に勝つのが、快感でした」

競技者として日本代表や、世界で戦う選手を目指すという選択肢もあったが、高橋が選んだのは大学院への進学。２０１２年のロンドン五輪を終え、女子フルーレの選手が多く引退したこともあり「頑張れば自分も上を目指せるかもしれない」と考えたこともあったが、さまざまに重なった偶然が、高橋を異なる道へと導く。

もともと日大では商学部経営学科で、もっとスポーツに携わる勉強や仕事がしてみたいと思っていた中、大学時代の先輩が日本フェンシング協会で育成事業に携わり、手伝う形で自身も「育成」と向き合う機会を得た。同時期にはU23日本代表コーチにも抜擢され、自身が強くなる道よりも学びを得たい、得なければならないという欲求が高まる。

大学を卒業後、母校の文理学部で臨時職員として働きながら、フェンシングの練習も続けてきたが、転機は思わぬ形で訪れた。

「大学院の入試と、全日本選手権が同じ日だったんです。どちらも言うなればものすごく大事な1日なのに、そんなことある？　と思って。でもその時、これはフェンシングの競技者としての道ではなく、大学院へ行け、全日本には行くな、と言われているんだな、と受け止めました」

大学院では本格的に普及に関わる研究に携わる。インターハイへ出場した高校生に、フェンシングを始めたきっかけや、続けるためにどんなことをしてきたのかとアンケートを取り、その結果をまとめる。さらに文科省の事業として指導したＪＳＣと各競技団体が連携し、次世代のナショナルタレントアスリート発掘システムにも関わり、早期からの一貫指導が将来競技者としてどんな影響を与えるか。研究だけでなく、実際に指導環境を与え、定期的にこの環境で指導する場をつくればこのレベルまで上がっていく、というパッケージそのものをつくるのも高橋が携わった仕事だった。

「最初はどのレベル、どの程度の選手を集めればいいのかわからなかったので、トレーナーさんや有識者にアドバイスを受け、検査項目や体力測定の項目を決め、その上位を集めて専任のコーチによる指導のもと、どんな成長を遂げるか。その過程を見ることからスタートでした」

中学生から高校生年代を中心に、各地方の指導者ともパイプをつくり、練習環境をさまざまな場所につくる。手探りでスタートした事業、取り組みではあったが、高橋の選手時代に得た知識や経験も大きな糧となり活かされた。

「（2010年から女子フルーレ代表コーチを務めたアンドレア）マグロが言うには、イタリアでは5歳から6歳の頃までに剣を持たないとオリンピアンにはなれない、と。自分の身体だけでなく物を持つ、成長曲線の中で視神経が発達するのが小学校低学年ぐらいまでで、その時期が終わると磨くには理屈に基づくトレーニングを反復するしかない。一般的にトップ選手となるまで10年かかると言われる競技なので、始めるのは早いほうがいいし、ずば抜けて反射神経がいい、重心の取り方がうまいという特性は別として、フルーレ、エペ、サーブルで競技特性もある。結局は相手との距離が勝負に大きな影響を及ぼすので、相手と離れて近づく、この動作を瞬時にできる瞬発力があるか。実際、何の知識も経験もない状態で剣を持たせても、何の違和感もなくスッと手を伸ばせる子や、相手を真っ直ぐ突くことができる子もいる。人それぞれだけれどその中に個性や特性があって、面白かったですね」

育成年代の普及活動に携わる中で、さまざまな大会現場にも足を運ぶ機会が増えた。当時を振り返れば、今やるべきことをやっていた。それだけなのだが、そこでまた新たな偶然が重なる。そしてまた、髙橋は思わぬ方向へと導かれていくこととなった。


２０１７年の全日本選手権だった。

「理恵ちゃん、こういう仕事があるんだけど、興味ないかな？」

声をかけてきたのは、２０２０年の東京五輪組織委員会で働く加藤裕子だった。以前から日本フェンシング協会の国際委員会や、五輪招致で加藤が活躍してきたことを髙橋は知っていて、さまざまな試合会場や、ＪＩＳＳで顔を合わせ、時折話をする機会も増えてはいたが、突然「興味がある？」と誘われる。しかもそれが東京五輪の組織委員会で、大会本番ではテクニカルオペレーションマネージャーという責務を担うとは。考えもしなかった。

しかもタイミングが悪いことに、その時はすでに日大と実践女子大での非常勤講師に加え、筑波大での事務的な仕事も決まっていた。どうしようかと迷う中、周囲の人々に相談すると答えは同じだった。

「そんなまたとない機会はない。絶対に、やったほうがいいよ」

背を押され、決まっていた業務を調整し、組織委員会へ。スポーツマネージャー、サービスマネージャー、テクニカルオペレーションマネージャー、五輪の競技運営に携わる三役とされる1つを担う。聞けば、細かいものから大きなものまで競技運営に使用するすべての備品管理や、運搬、配置、検査スケジュールを管理し、ＦＩＥとコミュニケーションを取る。業務内容は膨大だった。

「要約すると、大会運営のノウハウをギュッと凝縮したことができる人、というのがテクニカルオペレーションマネージャーなんです。携わったと言っても猫の手ぐらいしかやったことはないですけど（笑）、わからなくても周りの人に聞けばきっと何とかなるだろう、と。あまり考え過ぎずに飛び込みました」

髙橋はそう謙遜するが、育成事業に携わりコツコツと必要なデータを集め、環境づくりに向けたシステムを構築するべく尽力する。髙橋の能力を、スポーツマネージャーとして全体を管理、運営する責任者でもある加藤は高く評価していた。その期待に応えるがごとく、細かな交渉から高橋は丁寧に取り組んだ。もともと競技備品は大会スポンサーでもあるオメガが用意したので、武器検査に必要なものや、一般消耗品を揃え、会場のレイアウトをどうするか、照明や演出に必要な備品はいつ持ってきて、どう配置するか。自分が動くのではなく、全体を滞りなく動かすべくさまざまな交渉を重ねる。

日々やるべきことをこなしただけ、と笑うが、目まぐるしく変化する状況に、数えきれないほど大変なこともあった。発端は、２０２０年から２０２１年へ、１年の延期を余儀なくされたことだ。

「テクノロジー系の機器関係の担当者が変わってしまって、交渉する相手が異なり、ただでさえ進まないのに、間に２つぐらい別の人たちが絡んでくるから、いちいちそこを通さないとならなくて、時間だけかかる。機器の担当者と直接話せればすぐ解決するのはわかっているから『直接交渉させてほしい』と言っても、海外の人って権利は絶対主張するじゃないですか。だからそれはダメ、と言われ、今日聞いたことの返事が１か月後に返ってくるのも当たり前。しかも休みはきっちり取るし

（笑）、この機器はどっちが準備するのか、という問題が必要以上に長引いたこともありました」

たとえば、選手がつけるワイヤレスのコードにまつわる備品1つをとってもそう。スコアに関係するものである以上、当然ながらオメガが用意するのが筋なのだが、電波を飛ばすために近くへ置かなければならないラバーピストの準備はない。また別の時には暗転した会場の中、ピストを照明で照らすのだが、照明と演出のライトの切り替えが複雑すぎる、と開幕数か月前になって「できない」と言い出すチームも出てくる。

「いやいや何でこれだけ準備できないのか、どうして今さら『できない』なのか。じゃあ誰がやるの？　どうしたらいいの？　と答えが出ない問題が山積みで、半年たっても道筋が見えない。さすがにあの時は不安で、怖かったです」

やるべきことに追われるばかりであるのに対し、大会が近づけば聞こえてくるのは厳しい世論ばかり。

「何より私たちもめいっぱいだったので、本音を言うと五輪までのカウントダウンがやっと１００日を切る、というところからまた３６５日が加わった時の絶望感は、うまく言い表せないぐらい大きかった。寝て起きて、目が覚めたら２０２１年8月4日、もっと言えば9月1日になっていないかな、と思ったぐらいです（笑）。でも、やるにせよ、やらないにせよ、いざ〝やる〟という時に準備ができていないのでできません、という状況にはできない。現場で働いていても開催に関する情報は何も降りてこないし、私たちもニュースを見て『こんなことになっているらしいよ』という程度でした。だからどんなに大変でも、どちらに転ぶにせよやるべきことをやる。開催する方向で準備する。ただそれだけでした」

環境整備の中には当然〝人〟の育成も含まれる。大会中、選手が使用する武器や道具の検査に携わるスタッフは、経験や実績を基に国内技術役員として選出された。だがそこに任せるというだけでなく、本来開催されるはずだった２０２０年の1年半ほど前、２０１8年頃から国内大会があるたび招集し、実際現場で武器検査に携わる。この人なら大丈夫、と特定の人やその人が持つ技術に頼るのではなく、検査チームとして全体の底上げに務めてきた。

こちらが解決すれば、また別の箇所で問題が生じる。開幕まで、一瞬たりとも気が休まる時がなかったせいか、7月24日に東京五輪、フェンシング競技が開幕しても「始まった」という実感がなかったと振り返る。

「会場へ入れる人数も限られ、いろいろな制約があるせいか、大きな国際大会を日本でやっている、という感覚しかありませんでした。テレビから流れる映像を見て『そうか、今五輪をやっているんだ』と思ったぐらいで。とにかく今ある、目の前の試合をいかに遅延することなく終わらせることができるか。完全に、頭の中はそっちにシフトしていました」

大会前の準備期間と比べれば「大きなアクシデントはなかった」とはいえ、ワイヤレスシステムを大会前に実際の試合でテストすることなく、五輪本番がまさにぶっつけ本番となったため、同日に異なる2種目が行われる個人戦でうまく対応できず、ランプがつかない事態にも見舞われた。細かいところまで目を向ければ、選手が試合中にケガをして中断し、大幅にスケジュール進行が遅れたこともあったが、それでも結果的には午前、午後の転換時間を使えばリセットできる範囲で、比較的落ち着いた状況の中、大会を進めることができたと振り返る。

「ボランティアさんも最初に必要なことを教えて、お願いするだけで動いて下さる方々ばかりだったので、むしろ私は持ち場にいればよかった。何かが起きても無線がつながっているので答えが返ってくるし、対処策もある。『こんなに動いていないけれど大丈夫かな』と不安になったこともありました。でも周りの方から『それだけ自分で準備できたということなんだから、それでいいんだよ』と言って下さって、それは嬉しかったですね」

競技が終われば表彰式のセッティングに取り掛かる。だがそれは日々戦場のような現場でもあったと笑う。

「ＦＯＰに入れる人数は限られているにもかかわらず、表彰されるチーム関係者が勝手に入ろうとするのでそれを阻止しなきゃならないんです。嬉しくて、みんな近くに行きたい気持ちはわかるんですけど、今回はコロナ対策もあるし、ダメなものはダメ。中には関係者がスタンドで陣取って、禁止されている笛を吹き始める国もあるので、注意しに行くと、わかった、と1回しまう。でもまた出して吹くから

『吹いたよね』と再度注意すると、やっていない、と逃げようとする。もういたちごっこです（笑）。でもそんなやり取りを繰り返しているとこちらも面白くなってきて、毎日とにかくその繰り返し。直接技術面に関わることではなかったですが、表彰式まで選手を集めるサービスマネージャーも本当に大変だったと思うし、あの時間は毎日本当にありとあらゆる攻防戦が繰り広げられていました」

必然的に、日本のフェンシング関係者ならばおそらく誰もが沸き立ったであろう瞬間も、驚くほどに冷静だったと笑う。

「男子エペが金メダルを獲った瞬間も〝無〟でした（笑）。アメリカ戦で勝った時は興奮しましたが、そこからは日本が勝ちそうだから、という特別な目線ではなく、他の国が金メダルを獲ってきた他の日と、やるべきことは同じ。だから日本の選手たちが金メダルを獲って、抱き合って喜び合っているのを見ながら、私はものすごく冷静に、〝早く、時間がないから！〟と焦っていましたね（笑）」

連日会場を出るのは深夜0時過ぎ。それから食事をして、1時過ぎに寝て7時前に起床。5時間睡眠で「思ったよりは寝られた」と言うが、頭は常に動き続けるいわば興奮状態が続き、横になっても安眠できたかと言えばそうではない。競技を終えた8月3日の夜、ようやく「寝られる」と安堵したが、競技を終えたからといってすべてが終わるわけではない。会場の片づけや備品整理、パラリンピックの車いすフェンシング実施時に貸し出す機器や備品もあるため、その手配や数の確認、ようやく一息つけたのは競技を終えてから1週間近くが経ってからだった。

「あまりに疲れすぎていたのか、ハイだったのか。休める、と思っても休めない。不思議な感覚ですよね。でもそれぐらい大きな大会で、スポーツの一番大きな祭典に関わることができた。すごく大きな経験だったことは間違いないです」

残務処理も含め、すべてを終えた今、振り返れば五輪はいい面ばかりでなく、悪い面も露わにした。

日本では未だスポーツと体育が混在し、教育的側面が強い。そのためスポーツでお金を稼ぐという風潮が健全ではなく「悪」と捉えられることも少なくない。公益財団法人である各競技団体だけでなく、民間企業と協力し合って新たなパフォーマンスを実施しようとしても「贅沢過ぎる」と声が上がる。スポーツとお金、にまつわる問題は避けて通れない課題でもあると新たに突きつけられた。

「これだけお金がかかる、と金額だけを聞かされると『何でそんなに必要なんだ』と思うのも当然です。でも無駄にかけるばかりでなく、いかに観客を楽しませるか、見てくれる人を楽しませるかということを考えた結果であり、仕掛ける側はそこを一番に考えている。だけど実際はというと、視察という名の用途不明のものもあって、そこに使うならこっちに回せばいいのに、と思うこともありました。簡単に解決できることではもちろんないですけど、もっとこれからのためを考えたら、いいお金の使い方はあるはずだよね、というのは、自分も中に入って余計に思うようになったことかもしれません」

この経験を、これからにどう活かすべきか。

有用な金銭活用ももちろんだが、これまで普及に携わった高橋が訴えるのは、選手だけでない幅広い人材育成の必要性だ。

「人をどう継承していくかと考えた時、今回浮き彫りになった課題の1つが審判です。東京五輪で日本人の副審はいらっしゃいましたが、主審は誰もやっていない。国内だけでいくら権威があったとしても、やはり国際大会、五輪で主審を務めるぐらいにならないと、国全体の競技レベルも上がらないんじゃないかな、と。武器検査に関しては、そこはものすごく考えていて、若手から年齢を重ねた方々まで幅広い層がいらしたのですが、そうやって受け継がれていくことで『五輪でもやれた』という経験、ノウハウがレガシーとして残っていくはずです。フェンシングが気軽にできる環境、場所、それも必要ではありますが、極論を言えばピストさえつくれれば外でも、どの体育館でもできる。それよりもまず、審判をどう育成していくか、というのも大きな課題だと感じます」

陸続きの欧州と比べ、移動を伴う日本から大きな国際大会へ常に審判を派遣するのは難しくもある。だがそこで「今のままでいい」と狭い世界の中で満足しているようでは広がらない。自身が持つ経験、スキルを磨き、次世代へと継承すべく間口を広げる。それこそが大きな課題であり、日本フェンシング界初の金メダリストが生まれた今だからこそ、広げるチャンスはあるはず、髙橋はそう言う。

「もう少し簡単に誰もが関わったり、やってみたりできるようにオリンピアンの方々がいろいろな場所に行って実際やっていく中、興味を持つ人が増えたらいいですよね。それは選手としてだけでなく、審判でも、技術役員でも、応援するファンとしてでもいい。とにかく今はメダルを獲ったという事実をレガシーにするのではなく、そこからどう関わる人たちを広げて行けるか。それこそが、レガシーなんじゃないかな、って思うんです」

東京五輪を招致し、開催準備に当たって何度も「レガシー」を耳にした。

五輪を終えた今、何が残ったか。何を残せたか。まだ答えは見つからない。だが重ねた経験は、間違いなく未来への懸け橋となるべきものでもある。

「私たちの経験が50年後に活かされるか、と言えば、もしかしたらそうじゃないかもしれない。社会情勢も変わっているだろうし、日本フェンシング協会も発展して、もっとスポーツ界に優秀な人材がいるかもしれない。そうなればそうなったでラッキーだと思うし、きっとその時また〝0からスタートする〟となったとしても、今の0と50年後の0は同じ価値ではないと思うんですよね。そういう未来のために1

人1人何ができるかと考えたら、いかに多くの人と関わっていけるか。この人と付き合えば得だとかそういう観点じゃなく、上も下も横も、いろんなところにコネクションがあって友人関係があると、広がる世界はもっともっと、全然別の場所につながっていくかもしれないですよね。実際私も大学院の同期や、大学時代の先生と組織委員会で一緒に働くことになったり、面白い偶然がたくさんあった。閉鎖的にならず、積極的に関わりを持つ。そうやって私は今につながったし、フェンシングという単語を使えば、ジェネラリストにはなれたかな、と思うので。これからまた少しずつ、いろんなところに広げて行ければいいな、と思いますね」

フェンシングを始めることも、大学院へ行くことも、五輪の中で働くこともすべてそう。誰より自分自身が、想像もしない場所へ導かれてきた。次はどんな未来へつながっていくのか。変わらず「やるべきこと」を果たしながら、新たな未来を築いていくはずだ。

〝異色〟のポジション

宮田結以

東京五輪フェンシング競技の運営現場に加わった、最後の切り札と言うべきか。本来ならば五輪直前に加入し、数か月で最後のツメの作業に関わるはずだった。それがスーパーバイザーの役割でもあったはずなのに、と宮田結以が笑う。

「２０２０年3月に帰国する予定だったので、5月に組織委員会へ入り、7月末の開幕を迎える。まさかそこに1年が加わるなんて、思いもしませんでした」

招致活動から7年という長い準備期間をかける組織委員会の中ではいわば〝異色〟とも言うべきポジション。ルーツをたどれば、宮田の歩んだ道のりもスーパーバイザーという役職同様、異色の経歴でもある。

フェンシングとの出会いは中学1年の春。最初はスポーツをするつもりもなく、自然科学部に入部したが熱心にフェンシング部へ勧誘され、練習を見に行ったら「入るよね！」と押し切られた。興味がなかったわけではなく、やってみたら面白い。中学から高校2年まで部活で取り組み、受験勉強を経て「大学ではフェンシングはいいや」と思っていたにもかかわらず、マネージャーを志望して見学に行ったが最後、中央大学でもフェンシング部へ選手として入部した。

だが、もともと「試合は好きか」と言われたらそうではない。スポーツの普及活動に興味があり、自身が選手としてスポーツの道を究めるよりも、スポーツを学びたい。まずは「スポーツを支える側になりたい」とインターンシップ制度を活用し、ラグビーフットボール協会でタグラグビーなど、主に子どもたちへ向けた普及活動に勤しんだ。

その中で、事あるたびに耳にしたのが「スポーツマーケティング」という言葉。それこそが自分の学びたいことなのではないか。しかもせっかく学ぶなら本場がいい、とアメリカの大学を探すうち、モンタナ大学にたどり着き、大学2年から留学。ギリギリだった単位を必死で取って、有言実行を果たすもアメリカで大きな壁にぶつかった。

「留学する前は選手のマネジメントとか、近い立場で支える仕事をしたいと思っていました。でもアメリカで学べば学ぶほど、アメリカのスポーツマーケティングを日本で置き換えるのは相当難しいとわかった。それならば帰国して、無理に東京でスポーツの仕事にこだわるのではなく、地元に帰りたい、と思うようになったんです」

帰国後、中大を卒業し地元岐阜のスポーツ用品店に勤務。マネジメントに関わらずとも、スポーツ用品店でどのような商品を扱い、どんな人が買っていくのか。現場でマーケティングができるのは大きな魅力だと感じたからだ。

「最初は面白いだろうな、と思うぐらいで深くは考えていなかったんです。でも勤めた先が大きな店舗で、各メーカーの営業担当者が本社から来られて、陳列をしたりプロモーションしたりするところも間近で見られた。そのやり取りもすごく面白かったし、学ぶことばかりでした」

おそらく大半は、面白さを覚えたその場所で次は何をしようかと考える。だが宮田の場合は違った。また別の「面白そう」なことに出会ってしまった。

「たまたまＪＩＣＡ海外協力隊にスポーツの職種があることを知ったんです。留学していたこともあって、海外で働くこと自体興味はありましたし、国際協力という観点も持つようになった。しかもよくよく調べたらフェンシングという職種があった。とにかくびっくりしたし、もうこれは行くしかない、と。就職も何もかも飛ばして、JICA海外協力隊員として海外へ行こうと決めたんです」

赴任したのは中南米のコスタリカ。当然ながらフェンシングどころか、スポーツ自体も広く普及している場所ではなかったが、体育館はある。とはいえ身近ではないフェンシングに対する関心は低く、着任当初は指導を行うと言っても人が集まらない。現地の人たちと積極的にコミュニケーションを図り、少しずつ通ってくる子どもたちの数も増える中、日本にいた頃は決して知ることもなかったさまざまな現実が見えてきた。

「そもそもコスタリカでフェンシングができるということ自体、裕福な上層階級でした。それでも裸足でフェンシングをするのは当たり前だし、練習場所は海に近いから湿気もすごくて剣はすぐに錆びる。試合用に剣を確保しておいても、すぐに剣が壊れてしまうので試合が止まるのは当たり前。コスタリカのフェンシング連盟会長がその場で道具を直していました」

日本ならば、目の前にいる子どもたちと同じ世代の子たちは好きなスポーツに触れる機会があり、望めば習い事もできる。だがコスタリカではスポーツをすること自体簡単ではなく、唯一できるとしたらボール1つでできるサッカーぐらいしかない。

ＪＩＣＡ海外協力隊員としての任務はフェンシングの技術指導だったが、それと並行してスポーツ自体をもっと身近に感じてほしい、と近隣で勤務する柔道、野球、体操を専門とする隊員を巻き込み、宮田は日本でいう「体育」の授業を始めた。

「フェンシングというスポーツはもちろんですが、世の中にはいろんなスポーツがあるんだよ、と知ってほしかったんです。『スポーツをみんなに』と題して、年に4~5回、授業の1コマを借りて体育の授業をしていたんですが、その時の子どもたちの反応が泣けるんです。『今度はいつ来るの?』『いつ来てくれるの?』って。彼らがフェンシング選手になることなんて、何万分の1どころか、ほぼないこともわかっていました。でも何かのきっかけになってくれたら、と。限界を感じながらも、できることをやろうと思って続けてきました」

公立の学校へ通うのは無料であるため、コスタリカに学校へ行けない子どもたちはほぼいない。だが、麻薬の中継地点でもあり、日常的にマリファナを吸う人たちも多く、子どもたちはその姿を見て育ち、家庭内暴力も多い。唯一の息抜きで、楽しみが学校。「次はいつ？」と目を輝かせる子どもたちを見るたび胸が痛んだ、と振り返る。

「今思い返しても涙が出そうになるんですが、生まれた環境や生まれた場所が違うだけで、どうにもならないこともある。それが本当にやりきれなくて。じゃあ私がずっとそこにいてその子たちと接していくのが正しいかと言われると、それはわからない。2年と任期が決まったＪＩＣＡ海外協力隊での活動に限界を感じたことも何度もありました。赴任する隊員が変わればまた1から築かれる可能性があるので、私がやってきた活動も必ずその後に続くものではない。それでもやらないよりはやったほうがいい、0よりは0・1でも何か残せるほうがいいと思って続けてきましたが、世の中は平等じゃない、ということも改めて突きつけられた。私がやったことはささいなことで、何も残せなかったかもしれないけれど、もしもあの中の1人でも『10年前にこんな人がいたな』とドラッグの道へ走らず、スポーツをやってみようと思ってくれたらそれでいい。そう思うことしかできませんでした」

ＪＩＣＡ海外協力隊員から組織委員会へ。世界を視野に働くことは同じ、といえどもまるで異なる世界に飛び込むきっかけを与えたのは、スポーツマネージャーの加藤裕子だった。

もともと加藤自身もＪＩＣＡで働いた経験がある。フェンシングを選び、コスタリカへ渡った宮田のことは当然知っていて、五輪開催1年前の２０１９年5月、帰国が迫る宮田に「スーパーバイザーとして働かないか」と打診した。つながる偶然に驚いた、と笑いながら宮田が当時を振り返る。

「東京五輪の開催が決まった時は大学4年。漠然と〝こんなでっかいイベントに携われたらいいな。すごいんだろうな〟という思いはあったんです。でもＪＩＣＡ海外協力隊でコスタリカへ行って、いろんな思いがひっくり返った。そのタイミングで加藤さんからお声がけ下さって、しかもよく聞いたらコスタリカでのフェンシングの枠を残してくれていたのが加藤さんだった。帰国の予定が２０２０年3月で、勤務は5月からだし、言葉も話せてフェンシングも知っているからちょうどいい人選だったんだと思いますし、私としても帰って何をするか定まっていなかったので、じゃあやってみよう、と。まさか3か月の予定が1年以上になるとは思いもしませんでしたけどね（笑）」

２０２１年へ一年の延期が余儀なくされ、しばらくは岐阜の実家で在宅勤務が続いた。五輪の開催可否が唱えられる中、組織委員会もいったんストップせざるを得ない状態となり、やることがあるとわかっていても何から手をつければいいかわからず、手を付けてもまたいつ止まるかわからない状況が続く。まさに手探り、模索しながら動き始めるうち、宮田にはサービスマネージャーの森友紀のサポートに加え、コロナ対策業務が課せられた。

フェンシング競技独自のガイドラインをつくるのか、必要ないのか。つくるとしたらこのケースはどうするか。選手はマスクをつけたまま入場するのか、外していいのか。細かな確認事項は絶えず、パーテーションを設置する場所や、消毒が必要な場所や時間など、事細かなコロナ対策が義務付けられた大会である以上、定めなければいけないことは山ほどあるが、日に日に変わる現状に振り回される。

それでも必要なマスクや消毒関連の備品を集め、検査キットを管理する。大会が近づき、海外から大会関係者が来日した際は指定されたホテルへ食事を届け、毎日実施する検査キットを検査機関に届けなければならず、会場での準備と並行するのはまさに狂気の沙汰。

「フェンシングは会場が幕張だったので、大会の準備期間の段階で関係者はほぼ幕張周辺にいるけれど、検査キットの回収ボックスは晴海にある。『誰か、晴海に行く人いませんか？』と声を張り上げる毎日でした（笑）」

当初は有観客で準備を進め、会場内には観戦者が気軽に行えるフェンシングの体験エリアも設けられていた。だが開幕を前に、海外からの観戦を目的とした渡航は禁止、日本人を含めたすべての観客入場が不可となり、当初のプランはすべて白紙に。

「日に日に五輪が近づいて、盛り上がるはずなのに聞こえるのはデモ隊の声ばかりで、五輪ムーブメントなんて少しも感じられない。虚しいですよね。でも周りがどうあれ、私たちはやらなければいけない。毎日いろんな矛盾や葛藤が、入り交じっていました」

これが正しかったのか。何度も自問自答した。結局これという答えが出ないまま五輪本番を迎えたが、ふとした瞬間に胸が熱くなった。

「実際に試合が始まる前、選手がＦＯＰに入る前、小さなトンネルを抜けていくんです。たまたま初日、私は選手が出ていく反対側のところにいて、トンネルをくぐってＦＯＰに入る選手の姿を見た時に『あー、やったんだな。やれたんだな』と。目指した場所に向かっていく選手の姿を見た時に、これでよかったんだ、って。初めて思いました」

一度幕が開けば、そこからは目まぐるしく、息つく間もなく過ぎていく。ＦＯＰに設置したアクリル板を縦に置くも、実際は隙間だらけで「どうしよう」と焦りながら苦肉の策で横向きに変えたこと。毎日届くさまざまな備品を受け取るにも、運搬担当のトラックの運転手も会場周辺の厳重な警備や、交通規制で近くまで入ってくることができないため、スーツ姿で汗だくになりながらハイエースを走らせ、カートを引いて「こっちです！」と大声で叫ぶのも毎日のルーティーンと課していて、試合直前に走り回りながら「私は何をやっているんだ」と苦笑いしたことも数えきれない。

男子エペ団体で日本が金メダルを獲得した8月1日も同様で、「日本が金メダルを獲るから、この瞬間は絶対に見たほうがいい」とピストが見渡せる位置へ呼ばれたが、気になるのは勝利の行方よりも、金メダルを獲った後のこと。

「この後表彰式だけど、日本が金メダルだから絶対に取材が長引くよな、どうしよう、どうやって連れて行こう、とか考えるのはそればっかり（笑）。勝って、金メダルを獲ってから自分がどう動いたか。全く記憶がたどれないぐらい、とにかくバタバタしていました」

振り返る今でこそ「大変でした」と笑える。だがそれも、笑えない日々を乗り越えてきたからこそ感じられることであるのは間違いない。

学生の頃漠然と夢見た五輪に関わり、さまざまな側面に触れる。アメリカでスポーツマーケティングを学びたいと思った頃や、コスタリカで感じたさまざまな平等、不平等。別々の場所にあるように見えた点が、1つの線になって見えたのも、直接自ら関わったからこそ得られた特権でもある。

「演者である選手だけでなく、運営側にも五輪大好き人間と呼べるような人たちがいて、4年間、7年間かけて準備してきた組織委員会の中に直前でポンと加わって、華やかなポジションを担う。そういう役割を、すごく嬉しそうにやって、自分たちが五輪をつくっている、動かしている、と味わうんです。でもじゃあ彼らにその準備を4年かけてやりたいか、と言えばきっと答えはノーだと思う。会場をどこにするか、IOCやFIEの基準に基づいて会場のどこに何を設置するのか、ものすごく細かなことを重ねて、やっとできあがるのが五輪だけど、できあがるところしか知らない人からすれば、ああでもない、こうでもない、とそのたび口を出す。やりきれないな、とは思うけれど、それも五輪なんだな、と。また同じように運営の立場で、長い時間をかけて携わりたいか、と言われたら、今は大変だった記憶が鮮烈すぎるので、私もすぐに答えは出せないです」

　もしも今の自分のように、五輪に携わりたい、関わって働きたいと思う人に何が必要か。語学力や競技の知識は当然として、あえて付け加えるなら「忍耐」と笑いながら、コミュニケーション能力の必要性を説く。

「組織委員会の中でのコミュニケーションが意外とすごく大事だな、と。私はスポーツ視点だったので、選手の立場や現場の目線で物事を考えるけれど、全員が全員そうかと言えばそうじゃない。都庁から出向で来られた方や、警視庁や自衛隊、それぞれいろんなバックグラウンドを持った人が集まっているので、見方もさまざまです。でもそれは当然で、セキュリティの面で言えば、安全を第一に守るためには競技視点の見方など必要ないし、その延長で選手の思いに添うようなことは選択肢にすら入らない。いやいやそうじゃないよね、というやり取りを繰り返ししないといけないんです。組織委員会だけでなく、ＦＩＥも同じ。運営トップは彼らなので、その決定に従わなければならないけれど、でもそこで積み上げてきたものを壊されるような結論には、絶対しちゃいけない。コミュニケーションを図りながらも、自分の意思をしっかり論理立てて説明しなければ簡単につぶされてしまう世界です。選手の動線や、選手を送迎するバスの時刻表。小さなことだけど、この時刻表だけは何とか守らないといけない、と戦わなければ、蓋をあければ輸送チームの言いなりで、圧倒的にバスが足りないという事態もあり得る。そういう細かいところまで予防線を張って、最後は結局人と人の交渉。誰も助けてくれない時は自分で戦うしかないから。やっぱり必要なのは〝忍耐〟だし、思い浮かぶのは大変なことばかり。だから簡単に『またやりたい』とは言えないのかもしれませんね」

だが、宮田は東京五輪から間もなく開催された東京パラリンピックにも運営スタッフとして加わった。五輪で運営に携わった術をパラリンピックでも発揮してほしいという要請を受けた結果ではあるが、宮田自身にとってもパラリンピックは五輪とはまた異なる、貴重な経験だった。

本格的に車いすフェンシングを競技の現場で見るのはほぼ初めて、と前置きしながらも迫力に魅了され、またその現場でさまざまな気づきを得たと振り返る。

「レベルの高さは当然ですが、障がい者だから、と見るのではなく1つのスポーツとして完全に成り立っている。むしろ五輪、パラリンピックという区分すらせず、五輪競技の中の車いすフェンシングでもいいんじゃないか、と思うほど、純粋に楽しめる競技でした」
とはいえそう簡単に行かない問題であることも、運営に携わり実感した。五輪では「集まれ」と選手に言えば自力で選手たちがやってくるが、障がいも異なる車いすフェンシングの場合、時に介添えが必要なこともあり、選手村から競技場への送迎、輸送も比べ物にならないほど手間と時間がかかる。

理想を抱きながらも簡単ではないと理解しているが、それでもだからこそ、その難しい環境に置かれながらもベストパフォーマンスを発揮すべく技を磨き、己を鍛える。その精神力こそが圧巻だった。宮田はそう言う。

「五輪とパラリンピック、大きく違ったのはパラリンピックに出場した選手のお行儀がいいことです。たとえば、五輪では私たちがあれほどバタバタ動き回り、追いかけなければ集まってくれず、本当に大変だった表彰式もパラリンピックでは『何時にここへ来て下さい』と言えば、どれほど喜んだり、悔しがったりしたくても、必ずその時間通りに来てくれる。語弊がないように言うならば、それだけ日常生活から助けられているから、当たり前のことは当たり前にする。そういう精神が培われていて、それは裏を返すとどれだけ普段から制限された中で生活されているのか、ということでもあるんですよね。今回出場した選手の中には、外傷による障がいだけでなく、内臓的疾患を患い、コロナの脅威がある中で開催された東京大会は決して大げさではなく命を削って出場する。そういう大会でもあったはずです。何があるかわからないけれど、この舞台を目指して本当に命がけでやってきた。五輪はもちろんですが、それ以上にパラリンピックで強く感じさせられました」

何気ないきっかけでフェンシングと出会い、競技者として続ける中「試合をするよりも、この現場をつくったり、人を支えるほうが楽しい」と新たな道を見出した。華やかなプロスポーツの世界で、いかにお金を生み出すか。ビッグビジネスを展開するかというアメリカのスポーツ界と日本のスポーツ界の違い。生まれた家庭によって、選べる選択肢が大幅に限られ、スポーツというものに触れること自体がステータスになってしまう、コスタリカでの経験。そして、五輪という最も大きなスポーツの祭典で、ビッグビジネスに携わる中見えた、さまざまな課題や可能性。

同じ「スポーツ」でひとくくりにしていいのかと迷うほど、濃すぎる経験を経て、今は「スポーツに関わっていたいのかすら正直わからない」と言うが、教えることが好きであるのは変わりなく、今は縁あって、週に一度、車いすフェンシングの指導に携わっていると言う。

「集まってくる方もいろいろで、私も車いすフェンシングの世界、指導者としては初心者なので、本当にまだ始まったばかりです。でも、そういう世界でいろんな人たちと触れて、この前までできなかったことができるようになる。そんな瞬間に巡り合うたび、すごく嬉しいし、やっぱりスポーツっていいな、と思うんです。日常生活の中で、できなかったことができるようになる感覚ってなかなかないけど、スポーツにはそれがあって、それこそが素晴らしさでもある。だからやっぱり、私はスポーツが好きなんだな、と。結局はそこにたどり着くんですよね」

２０２０年から一年の延期を経て２０２１年に開幕、閉幕した東京五輪、パラリンピックを終え、２０２２年、新たな年を迎えた。

まさに激動の日々。振り返れば浮かぶのは汗水たらして、声を枯らして走り回った日々だが、忘れられぬ光景もある。

パラリンピックが開幕する直前のことだった。

準備に励む最中、１人の選手が会場を訪れた。ギリシャ代表の車いすフェンシングの選手で「可能ならＦＯＰが少し見たいんだけど、案内してくれるかな？」と尋ねられたので快諾し、案内しながら共に回ると、顔を見て言われた。

「パラリンピックを東京で開催してくれて、本当にありがとう。僕たちはこのために頑張ってきた。君たちが頑張って、本当に素晴らしい会場をつくってくれて、ありがとう」

それがきっと、すべての答えだ。

スポーツマネージャー

加藤裕子

この人がいなければ、きっと東京五輪のフェンシングはなかった。

決して大げさではなく、そう言わしめる人が日本のフェンシング界にはいる。

加藤裕子。東京五輪のフェンシングの競技運営責任者である「スポーツマネージャー」を務めた、その人だ。

IOC、国際競技連盟（IF）、組織委員会の他部署と折衝しながら、競技運営に向けた計画と準備をするにとどまらず、まさに五輪ムーブメントを起こすべく尽力する。担当競技において、海外における日本の位置を確認し、国内外の競技普及や振興のために、東京五輪を通じて何を残すか。決して大げさではなくそのすべてを担うのがスポーツマネージャーであり、五輪で開催された55競技の中でもおそらく、最もその職務と責務を果たした人間でもある、と周囲は見る。

だが、当の本人は笑いながら否定する。

「全然ですよ。長年携わった分だけ多くの関係者に迷惑をかけてしまったし、思いだせば申し訳なかった、と思うことばかりです。当初の目標は、日本にすでに存在するフェンシング競技者・審判・指導者・試合運営者・支援者を発掘して、この東京五輪をきっかけにフェンシング界がさらに発展するよう道筋をつくること。でも、思い描いていた目標には半分も届かなかったのが現実でした」

それでも彼女が果たした功績は計り知れないほどにある。それもまた、紛れもない事実だ。

フェンシングに出会ったのは航空会社で働く父の赴任先であるドイツで暮らしていた小学校6年生の頃だった。

帰国後はバスケットボール部など球技や団体スポーツに並行しながらフェンシングを細々と続け、大学へ進学。体育会フェンシング部に入部したが、その後歩んだのは競技エリートの道ではなく、広く活躍の場を広げる国際分野だ。

大学卒業後はアメリカの大学院へ留学し、そのままアメリカの国際教育団体で就労後、帰国してからは国際協力関連の仕事に就く。同じ頃、日本フェンシング協会事務局で「英語が話せてフェンシングにも精通した人材が欲しい」と声がかかった。当時の日本フェンシング協会では予算も限られ、専任で働く余裕はなかったため本業と並行して国際業務を手伝っていたが、ＦＩＥの委員となった張西厚志がＦＩＥ総会などの国際会議に出席する時期と重なり、通訳兼コーディネーターとして加藤も帯同。加えてＪＯＣ強化スタッフの一人としてジュニアやカデのナショナルチームによる世界やアジアの国際大会遠征に総務として帯同もしていた。当時の経験のひとつとして、ジュニアのナショナルチームが海外遠征先で、Ｈ１Ｎ１インフルエンザのパンデミック感染に遭った際にも帯同していたことが今回のコロナ対応に役立ったことは言うまでもない。

この頃、日本フェンシング協会には国際委員会が存在していたものの、有志・無償で集まった競技経験者が本業やプライベートの合間を縫って対応していた。「海外や世界の最新状況に対して距離感を持つ協会関係者や選手の皆さんとお話ししていくなかで、大学院で学んだ多文化間教育や異文化接触などの知見が役に立つんじゃないかなと、漠然と思っていました」張西に訴えかけると意外なほどあっさりと、だが予想を上回る返答があった。

「じゃあ自分で国際委員長をやったらどうだ」

加藤も即答した。

「わかりました。やります」

日本フェンシング協会の各部門の委員会で委員長になるのは、イコール理事になること、と知ったのは後になってから。加藤は「国際部門を変えたい」と意気込むも、旧態依然の組織において30代の女性がいきなり理事になる。当然反発も少なくなかった。

当時は罵声を浴びせられることもあり、耐えられず涙することもあったが、ここで自分が終わったら、その先若手につながらない。そう思い、踏ん張った。

では、そこから東京五輪の中枢へと続いていく道のりは、どんな歩みだったのか。きっかけは、２０２０年の一大会前、２０１６年の東京五輪招致だった。

２００９年にＦＩＥが来日し、16年五輪の計画や予定会場を視察する。その際、通訳を務めたのが加藤だった。当時はまだ五輪に対する関心はさほど高くなく、通訳として声がかけられたことをきっかけに「東京が立候補しているんだ」と思う程度だった。

同年のＩＯＣ総会で東京は落選し、２０１６年の開催地はリオデジャネイロに決定。しかし次こそ東京へ、と東京都とＪＯＣは２０２０年五輪に向けた大会招致の準備を始めた。ＪＯＣは各競技の国際的に活躍する役員だけでなく、実務レベルの人材発掘を視野に入れ、２０１１年には国際人養成アカデミーを立ち上げ、日本の中央競技団体の若手に声がかけられ、加藤も一期生として参加した。

だがそれだけで五輪招致に関わることができるか、といえばそう簡単ではない。加藤の進路が大きく動き出したのは20年五輪招致に向け、本格的に招致委員会が発足することになった時だった。当時ＩＯＣ会長選への立候補が濃厚だったのが現会長のトーマス・バッハ。１９７６年モントリオール五輪で金メダルを穫った元フェンシング選手であることを考慮し、ＦＩＥを含めフェンシングの側面からアプローチすべく、加藤に招致委員会へと声がかかった。

五輪に関わる仕事がしたいと夢見る人にとっては喉から手が出るような要請だったが、加藤はと言えば、さほど乗り気だったわけではない。元々国際協力関連の仕事を志し、本業としてやっとスタートラインに立てたところだったからだ。だが、招致委員会に飛び込む決断をし、一気に五輪への距離を近づけた。

招致委員会でまず担当したのは、五輪に出場する28競技団体のＩＦに実際に会いに行き、東京が開催都市として決まった場合の競技計画や予定会場を紹介し、ＩＦから署名付きの承諾文書をもらうこと。交渉役を務めるのは東京都、ＪＯＣ、招致委員会の幹部・職員だったが、補佐役の一人として資料作成や折衝に携わる。結果的に五輪招致が決定してからは当時の案はほぼリセットされてしまったが、各ＩＦの中枢に携わる面々と直接交渉する現場にいあわせた。

全ＩＦから署名文書を取り付けた後、次に担当したのはロビー活動だ。五輪の開催地が決定するのは２０１３年9月のＩＯＣ総会。投票日が近づけばいわゆるロビー活動も積極的に行われるようになり、当時の招致委員会幹部や政界、経済界、スポーツ界の要人がＩＯＣメンバーが集まる場所に足を運び直接接触した。その介添え役の一人を務めたのも加藤だ。

「当時はＩＯＣメンバー全員のお顔や略歴はもちろん、家族構成やさまざまな情報が全部頭に入っていました。その方々に対して最も影響力があろう日本人有力者に赴いていただく。情報を耳打ちしながら隣を歩かせていただいていました。でも不思議なもので、それが終わったらきれいさっぱり、あれだけ頭に入っていたはずの情報も全部忘れちゃった（笑）。今となっては全然覚えていないんですよ。このような開催都市の決め方も、招致の仕方もなくなりましたしね」

最終プレゼンで肝とも言うべきスピーチを担ったのは、同じフェンシング界で活躍し、日本フェンシング界の顔でもある太田雄貴だが、その抜てきに実は加藤も関わっていた。ＩＯＣメンバーに直接訴えることができる公式プレゼンテーションの機会は複数回ある。戦略として各回のプレゼンターを誰と誰をどの順番にするか、分野、性別、年齢、オリパラ経験の有無など、議論が繰り返される。そんな中、当時の部長に呼び出され、現役選手を登壇させる候補として太田について感触を聞かれた。

加藤は迷わず推した。

「英語大丈夫です。今、絶対」

そして２０１３年9月7日。ロビー活動が公式に認められるのは前日の23時59分まで。当日0時を過ぎるとそれ以降の行動は選挙活動違反となる。加藤含めロビー活動関係者は活動終了。この時点で投票者はどの都市に自分の票を投じるかはほぼ決めている。9月7日0時以降は最終プレゼンをするプレゼンターの出番だ。3都市のプレゼンで投票者が気持ちを変えるほどの大どんでん返しが起こるか。すでに東京に決めていた方々を一人も逃すわけにいかないし、願わくば他の都市に決めていた方々の心を揺さぶりたい。

太田を始めプレゼンターの誰もがＩＯＣメンバーに印象を残すスピーチを行い、20年五輪の開催都市は無事に東京に決定された。

「最終プレゼンターの皆さんは、小さなミスも絶対おかしてはいけないという極限状態の中で、ワンチームを前面にしてワンシーンを創り上げていました。まるで五輪の試合を見ているように爽快で、感動して涙が自然に出ていました。そしてしばらく経ってから帰国したので、国内の様子があまりわからなかったのですが、発表者の皆さんがメディアでたくさん取り上げられていて驚きました。そういったなか、齊田さんにお会いしたとき、第一声『五輪を持ってきてくれてありがとう!!』と言ってくださったんです。それは私たちのような、最終プレゼン者のようにメディアには取り上げられないなかでも長く必死に戦ってきた無数のスタッフに言ってくれたと同じ。とにかく嬉しかったです」

この頃、もう一つ別の風が吹いた。日本代表として招致委員会に入り、プレゼンターとなって招致を引き寄せた太田にFIEも未来への可能性に期待を寄せたのだ。プレゼンをIOCメンバーと共に視聴していたFIEの幹部から「今すぐに話がしたい」と連絡が入り、加藤はすぐに会いに行った。

「今の彼のプレゼンは素晴らしかった。今後の国際フェンシング界をリードできると思うか?」

「はい! 日本もフェンシングも超えられます」

当時IOCに加盟しているIFには、IF内にアスリート委員会を設置・強化せよとの命題を課されていた。当時のIOCアスリート委員長がフェンシングのメダリストだったこともあり、FIEとしてもアスリート委員会の活性化が課題となっていた。そこで太田の抜てきをまずはイメージしたのだ。

ＦＩＥは「今度の総会で、アスリート委員長が理事たちと同等の発言権と投票権を得る提案がされる。可決されれば、アスリート委員長は理事会に出席し、決定の場において声を上げたり票を投じることができる」と言った。そこまでいくにはまず、ＦＩＥアスリート委員会に立候補し、選挙活動をして当選し、さらに委員長選に立候補し、当選しなければならない。日本では誰もやったことがない道のりで成功するかどうかもわからない。「やれるか？」と聞かれ、加藤は「やります」と即答した。即座に張西に相談し、他の理事にも理由と必要性を説いて回り、本人へと伝わっていった。その後太田は、上述したステップをすべてクリアしていき、さらにはアスリート委員長枠ではなく、正式な理事選にも立候補し、見事ＦＩＥの理事に当選、就任したのだった。

14年の組織委員会発足以降、17年までは加藤も複数競技を担当していた。招致時に予定されていた会場や計画の変更に始まり、招致時の公約やビジョンはまるでドミノのように崩れていった。各ＩＦやＮＦに直接説明してきた招致時の約束を見届けることを描いていたが、実際のタスクは計画変更の説得。理想と現実のギャップを丁寧に説明していき、相手の理解を得ることに変わっていった。

太田はすでに12年のロンドン五輪で燃え尽きかけていた気持ちを再び奮い立たせ、16年リオデジャネイロ五輪に出場を果たすも2回戦でブラジルの選手に敗退。その現場にいた加藤は、試合直前に日本選手団の一人に会場内の状況と懸念を伝えたが時すでに遅く、地元選手に送られた絶叫に近いブラジルの大声援を味方に勢いをつけていく選手を目の当たりにした。

「ロンドン五輪でほぼすべての競技会場を回って学んだことの一つが応援マナーです。各競技には特有の応援マナーがあり、フェンシングにも存在していました。でもリオデジャネイロ大会のフェンシング会場では、まさにブラジルらしい、まるでサッカースタジアムにいるような声援でした。大きな電光掲示板に「Silence, please」と掲示されていても全く意味をなしていない。世界選手権で金メダルを取った太田選手に勝てば国全体がお祭りになるとも言わんばかりで、試合前にもかかわらずＢＯＨまで音が響いていました」

4年後、数千名にわたる観客からの迫力ある声援とプレッシャーに、日本の選手たちが集中力を掻き消されることなく、むしろ観客を味方にして、自己最高のパフォーマンスを発揮する。これが実現されれば、日本で国際大会を開催したことのないエペやサーブルも金メダルを狙える。リオデジャネイロのように新しい応援マナーを日本が創ればいい。そんな思いを胸に加藤は帰国した。

ＩＯＣからしてみれば二番手だった東京も、リオデジャネイロ五輪が終わりとうとう最優先プロジェクトへ。

17年、ＩＯＣは組織委員会に対し各競技のスポーツマネージャーの常勤化を要請した。東京の組織委員会は公募等で決めたロンドン五輪やリオデジャネイロ五輪と異なり、「スポーツマネージャーは各ＮＦによる推薦とし、ＩＦが承認すること」と提案。そうなれば当然、そのポジションを活かすか殺すか、ＮＦによって一気に露わになる。

「スポーツマネージャーとはどんな人材と役割か、定義が明確でなく、どのＮＦも悩んだと思います。俗に言われるコンペティション・マネージャーとの違いはあるのか。単純にＦＯＰだけの責任を負うマネージャーと捉えるか、普及や発展も含めた競技全般を統括する責任者と捉えるか。競技全般の範囲であったとしたら、統括・責任範囲は、ＩＦとの関係は。フェンシングは他競技に比べて国内での有観客や国際大会の開催経験や人材が少ないほうだったので、このポジションを活用させたい、と思っていました」

　そこで、加藤は現場に近い理事でもあり、東京２０２０対策委員会委員長の齋田守に「スポーツマネージャーは実務も行うフットワークの軽い人材にしてほしい」と直談判したところ、国際委員会を変えたい、と提案したいつかと同様に、予期せぬ答えが返ってきた。

「それでいいし、そうすべき。しかもこれは加藤さんがやるべきでしょう」

　招致にも携わり、組織委員会の中にいる。なおかつ複数競技を担当していた経験があり、ＦＩＥとのパイプも強い。むしろ冷静に見ればこれ以上条件を満たした人材はいないのだから、齋田だけでなく共に招致活動に尽力した太田に話を持ち掛けても答えは同じ。とはいえ中には「自分がやりたいから、要素を提示したのではないか」という見方もされ、「自分より適任者がいるはずだ」と加藤自らさまざまな人材に声をかけるも結論は同じ。

それならば、と覚悟を決めた。

18年になるとフェンシングの競技運営チームに2名の増員が認められた。加藤は、大会開催までの計画・準備にかかる自身の業務を、人やサービスに関するソフト面と、会場や物品に関するハード面と分け、前者をサービスマネージャー、後者をテクニカルオペレーションマネージャーと自ら定義づけ、増員要請することなく3名で乗り切ることにした。加藤は前者に森友紀を、後者には、森からの薦めもあって髙橋理恵を抜てきした。

共にＦＩＥ公認の国際大会における競技経験があり、競技に対する知識やマインドは熱く、日本フェンシング協会理事をしていた時に、彼女たちが持つ業務能力や適性も近くで見てきた上での判断だ。そして五輪開催前年の19年には、サービスマネージャーの森をサポートするスーパーバイザーとして宮田結以を加えた。「日本フェンシング協会で国際担当理事をしていたときに、政府関係者から青年海外協力隊のフェンシング指導者派遣のお話をいただきました。私自身、青年海外協力隊に応募してこれといった武器がなく落ちた経験があったので、そうかフェンシングでもいけるのか！　と思い、今後のフェンシング界のためにも実現させたかったです」

　しかし、理事会で提案しても否定的に捉えられた。日本ではまだフェンシングの指導一本で生活できる人は一握りしかおらず、現職を捨て、帰国後の将来が保証されないまま長期的に国外に赴き戻ってこられる人はいない。しかも開発途上国は危険なため男性に限られると見立てられた。「それに、『フルーレならまだしもサーブルなんて』と言われました。サーブルの指導者は本当に限られていましたので。募集することだけでもと懇願し、協会としてご承認いただきました。とはいえ応募者については諦め半分でいたら、なんといたんです（笑）。応募者が一人！　しかも女性で！　感謝しかありませんでした。だから、ご本人が帰国したら組織委員会の競技運営チームにお誘いしようと決めていました」

図らずして、他の競技を見渡してもおそらくフェンシングだけ、という女性４名の布陣で万全の準備をした。

加藤はその後、森サービスマネージャーとともに大会開催時に支えるＩＴＯやＮＴＯを含め、五輪・フェンシングに携わるすべての人材探しに全力を注ぐ。「ロンドンやリオの参加者や人選方法、ポテンシャルや大会への効果などを徹底的に調べました。ＮＴＯはなぜ開催組織委員会が指名するのか、ＩＴＯに日本人を最大限入れるためにはどうすればいいかとか。たとえば東京大会の日本人ＩＴＯは張西さんと和田さんの２名のみ。ＦＩＥのＳＥＭＩ委員であった張西さんはＦＩＥの規程に『開催国の委員は指名される』と明記されていることで東京大会へＩＴＯとしての参加が担保されていました。それに何かあったとしても、張西さんの功績とご経験で任命されることにゆるぎない自信がありました。しかしＤＴは、ＦＩＥの規程で開催国枠が明記されていないため、早めに開催国から出したいと提案し、世界からコンセンサスをとり、そしてその後も奪われないように死守する必要がありました。将来を考え全国から公募したかったため、森さんとともに応募方法・選考基準・選考方法を急いで固めて齊田委員長に相談し、協会のご承認を得て、和田さんが選ばれました。ただ、この段階ではあくまでも国内で決まった候補者で、選手に置き換えれば、出場資格を得られていない状態です。そこで和田さんには、本業がお忙しいにもかかわらず海外に何度か出向いていただき、現場で日本のＤＴの現状や開催国ＤＴの必要性を示していただきました」

２０１９年12月には、対策委員長である齊田の絶え間ない協力もあり、ＦＩＥと日本フェンシング協会が主催した高円宮ワールドカップがテストイベントとして無事開催された。そして大会のイメージがクリアに見え始めてきた20年１月、中国から派生した新型コロナウイルスの猛威は世界へと一気に広がった。

日を追うごとに感染者が増え、死者も出る。スポーツ大会のみならず、日常のすべてが止まらざるを得ない状況を余儀なくされる中、本来ならば開幕まで４か月と迫った３月24日、東京五輪は前代未聞の一年延期が決定した。

「まさか五輪をやらない、延期するなんてその瞬間まで１日、いや１秒も考えたことがなかったんです。戦争を休止にしても開催するほど確固たるものと思っていました。五輪のアクレディテーションは入国時の査証機能も持ち合わせているほどですから。外野・内野がどれだけ騒がしくても、ＯＭＥＧＡのカウントダウンクロックだけを見ながらブレずに4か月後の開催に向けて最終調整を完了させようとしていました」

一度崩れ始めたビジョンは、ドミノが倒れるように連鎖する。３か月、半年が過ぎてもコロナの猛威は収まらず、治療薬の開発までには時間が足りない。それでも粛々と準備を続けるしかない、と奮い立たせるも、１年という時間を経てようやく迎えようとする開幕が近づく中、海外からの観戦客やボランティアの受け入れが不可能になり、さらには、日本国内の観客を入れず、無観客での開催。

どこまで続くのか、という負の連鎖を「数えきれないほどの〝がっかり〟しかなかった」と振り返る。

「人生で１００のがっかりがあるとしたら、開催都市決定からの8年で80は使い切ったかな。特につらかったのは無観客、そして海外の観客やボランティアの受け入れキャンセルです。招致活動をしてきた頃から、描いて来たのは満員の観客の前で選手が最高のパフォーマンスをする。最終的に会場をつくりあげるのは観客だと信じてやってきましたから。そのために日本フェンシング協会の会長になられた太田氏と共に1分でも練習していたいはずの選手やコーチ、素晴らしいＭＣ、そして何よりも千葉県庁の皆様に多大なご協力をいただいて（フェンシング会場になる）千葉県内の公立小中学校へ数年かけて訪問していただきました。無観客、という現実がものすごくショックで。観客やボランティアになるはずだった人たち、観客やボランティアになりたかったけどなれなかった人たち、皆さんの思いの数が、私の夢の総量でしたから」

しかし、落胆する加藤へ真っ先に届いた連絡は太田からだった。『切り替え、切り替え。こうなった以上は仕方ない。今できる形で魅せるフェンシングをしていこう』追い打ちをかけるように、ボランティアも次々キャンセルが増えて、描いた理想を1つずつ諦め、いつしか目標は「最後まで安全に大会を終わらせること」にシフトせざるを得なくなった。

ネガティブな世論が先行する中、組織委員会としては中止と言われるまで来る日のために準備を続ける。描いてきた理想や方針をシフトさせ、時には森サービスマネージャーと画策してなんとか海外ボランティアの受け入れを若干名認めてもらったり、当初認められていなかった高校生の参加もなんとか実現させたりした。

加藤にはもう1つ、重要な問題があった。

大会準備に追われる最中、加藤は第一子を出産したのだ。

女性にとって、妊娠、出産を願う人間にとって待望のことで、ただただ幸せな、祝福されるべきことであるのは言うまでもない。だが同時期、スポーツマネージャーという立場で一年延期という前代未聞の事態に見舞われた五輪の運営をすべて取り仕切らなければならない現実もある。「即戦力が求められるプロジェクト型の仕事なのに、なぜこのタイミングでと思われる人もいたと思います。でも、ＦＩＥに相談しても妊娠、出産、子育ては退職の理由にならないと一喝されました。幕張会場チームの皆さんの後押しもあり、批判やチームにかける迷惑、そして高齢妊娠・第一子出産によって降りかかる困難も含めて、育児と並行して大会運営を成功させる覚悟を決めました」

五輪直前には当時の森喜朗・組織委員会会長が辞任した。ジェンダーバランスも大きく問われる中、女性の社会進出を掲げ、スポーツ界や組織委員会の中でも理事に多くの女性が登用されるなど変化は見られたが、妊娠、出産を経たからこそ見えたこと、訴えたいことはいくつもある。

「声に出しづらい、表に出しづらい特別な状況にある女性や妊婦・産婦に代わってサポートされている方々に着目できるといいなと思いました。私の場合も、周りの皆さんこそ大変な時期だったのに、誰もがご自身の課題や思いを声に出すことなく、精神的に物理的に手を差し伸べてくださっていました。なかにはかつての私と同じように結婚・妊娠・出産を年齢やキャリアに照らし合わせて苦戦している女性もいるだろうし、他の課題や意志を持って違う生き方を選んでいる女性もいる。そしてそれは女性だけでなく、男性も同じかもしれない。男女関係なく、目に見える困難を持つ持たない関係なく、その場にいる職員全員が納得して支え合える業務環境とはどんな状態か、組織や団体の特性に即して検討することが大切なのだと感じました」

6月末にはIOC、OBS、FIEが会場や準備の最終確認で来日し、そのまま競技運営チームは勤務地・所在地を組織委員会本部から競技会場の幕張に移した。本番に向けた要員増が認められる時期に入り、ボランティアをグループごとに統括しながら、サービスマネージャーとテクニカルオペレーションマネージャーへ繋ぐポジション、「スーパーバイザー」が全国から集結し、組織委員会のフェンシング競技運営チームは総勢14名になった。

　フェンシングの競技は開会式の翌日から9日間。12種目を9日間で行うために、最初の3日間は1日ごとに2種目ずつ行う。残りの6日間は1日ごとに1種目の団体戦。競技運営チームは日々起こる難題に立ち向かいながら職務に徹していた。

　各日すべての試合が終了してから表彰までの流れをいかに滞ることなくスムーズに仕切ることができるか。試合が終了するその瞬間が、一番緊張を伴うところだった、と加藤は言う。

「試合が終了すると一気に人が動く。毎日の反省会でも終了後の対応が問題になっていました。でも、森さんが得意の選手誘導を完璧にこなし、髙橋さんが会場や機材管理を徹底的に捌き、宮田さんが混乱するコロナ対応と対策に身を挺して臨んでくれた。この3人がいなければ、おそらく大混乱のまま終わっていました」

日々起こる難題に立ち向かいながら、職務に徹する。

ただ唯一、例外があったとしたら7月30日、男子エペ団体日本代表が金メダルを獲得した日だ。

世界で最も競技人口が多いエペで、それも団体で自国の代表が金メダルをかけて勝負している。

大会運営に携わる1人のスタッフとして見れば、こんな歴史的瞬間に関わることができて幸せだった、と涙するかもしれない。

ただし、スポーツマネージャー、加藤の場合は少々異なる。

「招致から開催に至るまで、フェンシングが国内外でマイナースポーツとしてみられていることを痛感する場面にたくさん直面してきました。その度に『全種目観客席は埋まります』『必ずメダルを獲ります』と言い切って計画を進めてきたことへの責任は自分なりに感じていて、背負ってきたつもりでした。でも出だしの個人戦3日間は6種目ともメダルに届かず、団体戦も次々終わり、7月30日の朝は、今日がダメだったら残り2日もひきずられてしまうかもと、とにかくすがる思いでした」

業務に追われながら、日本の男子エペチームが世界一のウォームアップをしているとスーパーバイザーが伝えてくれていたものの、朝一番の初戦、アメリカ戦だけは見ずにはいられなかった。

正直に言えば、次のフランス戦が大一番になると思っていたが、よもやの大苦戦。一時は8点差をつけられる展開にまさに手に汗握り、逆転勝利を見届け、ようやく落ち着いた。一本勝負の末に劇的な勝利を収めたフランス戦も結果だけは見たが、淡々と業務に励み、最後の瞬間だけは再びピストが見える会場へ。

間もなく日本がフェンシング界初の金メダルを手にする、という瞬間が近づく中、加藤は密かに「やってはいけないことをした」と笑いながら振り返る。

「そこにいる誰もが少しでも近くで見られるように、セキュリティエリアを少しずらしたんです。スタッフにも持ち場を離れ、ＦＯＰに何とかして来られるよう互いに声を掛け合うよう伝えました。無線は使わず口伝えで。コロナで応援禁止だし、ましてやスタッフが日本だけ応援することは許されない立場でしたが、一人でも多く、可能な限り近くで生で見てもらいたかったんです」

フェンシングに携わり、五輪を招致した1人としてこの快挙を喜ばない理由はない。むしろ初戦は「獲ってくれ」と半ば祈るような思いで見ていたのだから、日本がつかんだ勝利、快挙を称える一方、嬉しさばかりでなく東京のスポーツマネージャーとして抱く、別の感情もあった。

東京、日本で開催された国際総合競技大会。ホームゲームで有利が働いたから勝てたと思ってほしくない。FIE、IOC、OBSと公平性や透明性を基に構築してきた信頼関係はもとより、純粋に、すべての国の選手が自己ベストで競い合って金メダルを目指してほしいと思ってやってきた。「私たちは大会運営には携わったけれど、日本が金メダルを獲るために、少しでも有利になるために何かをしたかと言ったら答えは明確。私たちは日本チームに対して応援以外何も貢献していません。残念だけど、それは断言できますね。ただ、何年も前から、彼らや彼らの先輩選手、幾人ものコーチたちが、フルーレに照明が当てられていたときもぶれずに自分たちの練習に打ち込んでいました。開催地が東京でなくても間違いなくこのタイミングで世界一になっていたと確信しています」

　すべてを終え、振り返る今、何が残せたかはわからない。だが少しのんびりした時間を過ごすうち、思うこともあると言う。

「メディアや国民、世間にこの五輪が成功と映ったか、失敗と捉えられているか。それはわかりません。でもどう映っているかは別として、五輪のフェンシング会場で運営に関わった人たちは結局五輪も一競技大会に過ぎないと思ったはずです。選手団を安全に受け入れ、選手が納得のいく試合進行を行い、世界が認める公式結果を残し、帰国してもらうこと。たとえコロナに振り回されたとしても、大会当日にこれまで積み重ねてきた計画や準備が時間と労力の無駄になったとしても、そこに来場した選手団やオフィシャルのために見えないところで本領を発揮する。あの場にいたすべての方々が、そんな思いを胸に個々の持ち場で必死に考えながら動いてくださった。競技運営者としての自信と誇りが生まれたのではと思います」

　招致の頃に夢見た大会とは程遠く、何度も落胆した。もう無理だ、と投げ出しそうになることだって、きっと数えきれないほどにあったであろう中、最後まで全うした。模索し、悩みながらも貫いたその覚悟は、間違いなくこれからの世代へと受け継がれていくはずだ。

東京五輪開催への軌跡

Ⅰ　計画調整

東京五輪・パラリンピック（以下東京大会）は、IOC、国際パラリンピック委員会、OBS、OMEGA、55競技の国際競技連盟（以下IF）、東京都や地方自治体、官民問わず多くの出向者で構成される組織委員会各局部署、会場所有者や委託業者等とで協議しながら計画されていくため、すべての決定に際して時間と根気を要する。また、数年にわたるプロジェクトのため東京大会が開催されるまでの間に担当者の交代も発生する。

以下では、フェンシングに限定した競技計画を紹介する。

(i) 会場

これまでFIEは、フェンシングが近代五輪第一回大会から実施競技の一つとして存続していることから、五輪競技から外されないという自負があった。しかし、２０００年を過ぎてＩＯＣは、若者のスポーツ離れが深刻化している世界状況を鑑み、若者を取り込める新競技導入にシフトし始めた。これを機にＦＩＥ関係者はフェンシングが五輪競技から外される可能性を意識し始めるようになった。その意識改革の一環として、「審判用語の簡素化」や「マスクの透明化」など、競技の簡素化・明確化、観客増加・チケット有料化等を目指した。それと同時に、ＩＯＣと過去の五輪開催国の間では恒久施設として建設された競技場の後利用が課題になっていた。そのため、ＦＩＥ関係者は「この競技はどこでも開催できる」という考え方を打ち出し、ロンドン大会では従来の競技場ではなく展示会場での開催が実現した。東京大会においても、「聖地」となり得る恒久施設の建設を目指している競技も多数あったなか、２０１６年招致計画にも２０２０年招致計画にも、フェンシングは展示会場を借用し短期間で準備・撤去する計画が提案され、承認された。

会場には既存・新設、恒久・仮設等があるが、多くの場合競技場建設や運営準備、スタッフ・選手のトレーニングに時間的にも十分な余裕が与えられる。

一方で、展示会場借用となると、会場の所有者や毎年イベントを開催している利用者、営業補償対象者等との調整が必要になり、借用期間も借用エリアも最小限にするなどの制約が生じる。東京大会に向けて展示会場を競技・試合ができる仕様に変えるという取り組みに加え、東京大会に直接的には関わらない他者の存在を常に意識・重視することも大切な取り組みとして含まれていた。

(ii) 会場変更

当初、２０１６年大会と２０２０年大会の招致時では、フェンシング会場は東京ビッグサイトで計画されていた。しかしながら、２０２０年大会の開催決定後に会場計画の精査が行われ、東京ビッグサイトから千葉県に所在する幕張メッセへの会場変更が提案された。東京ビッグサイトで承認していたＦＩＥでは、当時、自身の競技会場が五輪スタジアムや選手村にどれだけ近いか、また、自身の競技会場が何席の観客席を作ることができるかがＩＯＣへの評価に影響すると考えられていた。しかし新たに提示された幕張案は五輪スタジアムや選手村から物理的に離れることに加え、ホールの構造上制約が生じた観客席数の減数が含まれていたため、ＦＩＥは断固として拒否を示し、承認に際しいくつかの条件を提示した。組織委員会としてもそれらの条件に応えることを約束し、やっとＦＩＥは会場変更を承認した。その後、観客席数の課題・他競技との競技会場共有・Ｘ型のピスト配置・４面の観客スタンド構想・他競技とのホール交換等、多岐にわたってＦＩＥとの熱い議論・検証・交渉が開催日当日までなされ、幕張会場が作り上げられていった。

（ⅲ）動線計画

五輪となると選手の安全性の確保は最も重要であり、観客に限らず多くの関係者とも動線を分離しなければならない。関係者とはＴＳＲ（Timing and Scoring Result）担当、放映関係、記者、選手団・競技関係者、メディア、ＶＩＰなど多岐にわたり、それぞれ個人単位でアクセスできる権利が、ゾーン・エリアや諸室・スペースごとに異なる。こういった各者の動線計画は、開催時のアクセスコントロールや競技運営に大きく影響する。従って、各通行者のセキュリティレベル、アクセス可能な諸室・エリア、他関係者との混在の可否を見出し、必要な動線幅、ドアの位置や種類、そして施錠の有無までが検討され、最適な動線計画が作られる。各アクセスコントロールポイントに配置させるセキュリティスタッフが保持する権限の強さも事前に協議することが必須だ。加えてフェンシング会場では、別事案のレイアウト変更が発生したことから、どうしても動線が交差してしまうポイントが生じてしまったり、遠回りをしなくてはならないルートができた。よって大会開催時には、1分1秒を争うようなタスクを抱える関係者たちは、近道をするためにアクセスコントロールの弱い箇所や抜け道を見つけては計画された動線を無視するという実態が生じ、大会終了まで改善することはできなかった。既存施設であれば事前の現場検証が可能だったが、この会場は仮設のため、直前まで紙面上での検討となっただけでなく、競技開始1か月前に無観客開催が確定したことにより、セキュリティやアクセスコントロールの担当や責任範囲が変わったことも加わり、十分な検討はできていなかった。さらに、コロナ感染の悪化によって、これまで競技運営チームが責任を担っていた管理範囲が、競技エリアに加えて、選手団や審判たちの宿泊施設内や店舗、会場間の移動等にも広がった。それだけでなく、海外からの来日者が滞在何日目かによってコロナ対策に関わる管理レベルが変わったり、来日者とどれほど密に接するかによっても日本人側の管理方法が変わったりするなど、海外から多くの来日者を所管するＳＰＴチームの運営は混乱をまぬがれなかった。予算が増額するため再三の提案も却下され最終的には実現しなかったが、動線対策の１つとして観客席スタンドの下に人が通れるトンネルを作り、競技運営関係者用に動線を増やしておく等といった提案は今回においては特に死守に値する提案だった。

(ⅳ) 照明

五輪フェンシングの照明計画は北京大会から高評価を受けていたものの、その設置方法については難易度が高いと計画当初から言われていた。映像で剣先と白いユニフォームをクリアに見せるため、会場全体を劇場のように暗転させ、選手が動くピスト上だけに照明が当てられていたのである。ＦＩＥではハイレベルの国際大会には競技者たちの背景を黒か紺の布や壁などで覆うといったガイドラインも存在していた。一方で、会場を暗転させると映像を撮る上で観客席に座る観客の表情が見えなかったり、勝った選手が観客席へ向かい家族と喜びを分かち合う場面が撮影しづらいなどといった課題も出てくる。選手にとっても、競技中相手の剣やマスクが照明に反射してしまい眩しかったり、暗闇の先にいる審判やコーチの動きやサインが見えづらいといった課題があった。それぞれの課題について事前に入念な協議をすることも重要だったが、最終的に照明とカメラが設置された後でテストや調整がされることがさらに重要であった。照明に限ることではないが、日本では一般的に、計画通りに機材等が設置されたあとは、建設・設置業者から本番時の運営者へ管理責任がバトンタッチされ、この時点での調整・修正が認められない。しかし、五輪においてはこの図式は通らず、競技開始直前や競技期間中においても照明の照度や位置を調整できる環境を事前に構築しておき、その場で関係者間が協議しながら調整・修正ができる体制が組まれなくてはいけなかった。

いまや暗転させた屋内競技の大会は珍しくないが、天井からの吊り物がどれだけ可能か、太陽光をどれだけ遮断すべきか等、多くの課題を解決する必要があることから、フェンシングもいつまでこのスタイルを五輪で続けるか、検討していくことになるだろう。

（ｖ）競技備品

フェンシングのＴＳＲにかかわる機材は、機器ごとに責任者が変わるような縦割り管理をすると、本番に何かしらの不具合が生じた際、周辺機器も併せて解消していかないといけないため、競技進行に大きな影響を及ぼす。そのため、電気審判器やピスト、ビデオ審判システムやワイヤレス審判システム等の機材一式は、ＯＭＥＧＡをクライアントとするＴＥＣが調達・準備・当日管理等すべての責任を負っていた。その代わり、競技運営に密接に関係するため、ＴＥＣが準備する備品はすべてＦＩＥとスポーツマネージャーによる承認と協議が必要であった。

一方、前述の「ＴＳＲにかかわる機材」以外のすべての競技備品は、ＳＰＴが調達・準備・管理の責任を負った。これらの競技備品はそれぞれ、組織委員会全体で発注されるものか、複数競技を抱える会場単位で発注されるものか、あるいは競技で特別に発注するものか等、テクニカルオペレーションマネージャー(以下TOM)が備品の仕様や調達期日等精査しながら多数関係者と調整して複数種類のリストで更新する必要があった。

この競技備品の精査とリスト化は、2019年12月に開催されるワールドカップ兼テストイベントを行う半年程前にはほぼ完成させていた。NFがワールドカップ主催者として準備する備品、五輪本番で使用し且つテストイベントでテストすべき備品、その他経費削減の観点から保管経費がかかるか、借用すべきか購入すべきか等、テストイベントが始まる前に一つ一つを協議・決定する必要があったからだ。

テストイベント終了後も、責任の所在がTECかSPTかですみ分けができない備品があったり、OMEGA・FIE・TEC・SPT間で個数の合意に至らない備品もあったりしたこと等に加え、本番直前にコロナ対策として追加や変更が生じた備品もあり、試合開始が早かったフェンシング会場では試合中も搬入等の混乱が続いていた。

また、TOMは、備品すべての在庫登録・移動申請、五輪全体で利用する大型保管倉庫の保管管理や申請等を行い、大会終了後は備品の譲渡・廃棄の対応を行った。サスティナビリティ等の観点から、譲渡品については全国の地方自治体に公募をして、千葉県に所在していた大型保管倉庫まで引き取りにきていただいた。

(vi) 装飾

コロナの発生によって大会が1年延期になり、その結果、大会経費も簡素化する流れになった。テレビカメラに映らない部分の装飾やサイネージは単一競技でしか利用できない場合はキャンセルとなり、パラリンピックでも併用できる装飾やサイネージへとシフトされていった。よって、最寄り駅から会場までのラストマイルなど、会場内外において、フェンシングに特化した文字やピクトグラムは大幅に減少した。

五輪競技会場の象徴ともいうべき3Dの五輪マークも、選手だけでなく会場に足を運んだ誰もが震えるほど感動をもたらす象徴ともいうべき存在だったが、経費節減により1枚の布に描かれた五輪マークとなった。

2　体制構築

２０１８年４月から、計画期間と開催期間のそれぞれに、競技運営にかかる人員体制の構築を開始した。ここでは、選手や選手団が試合を行うために直接的に支える競技運営関係者に絞って説明する。

(i) IF

五輪の場合、主幹はＩＯＣとなるが、各競技の主催はＩＦに委ねられる。フェンシングの場合、ＦＩＥが主催者となる。計画期間においては、全競技共通で各国際競技連盟から指名されるテクニカル・デレゲート（以下ＴＤ）が、組織委員会が進めていく計画・準備に対して助言や承認を与えていく。東京大会の場合、ＴＤがＦＩＥ理事会で承認・指名されるまではセクレタリー・ジェネラル（専務理事）とスポーツディレクターが組織委員会競技運営チームのカウンターパートとなり、来日・協議をした。ＦＩＥ理事会でＴＤが任命された以降はＴＤ２名とＣＥＯ（事務局長）を軸に交渉・連携が始まった。ＦＩＥの定例理事会には太田雄貴前会長がＦＩＥ理事及び副会長として出席し、スポーツマネージャーの同席も認められていた。よって、ＦＩＥの動向や意向を把握・確認することができた。なかでも、東京大会における日本の開催国枠が減らされそうな議論に及ぶ際、太田前会長の機転によって事前回避することができた。

五輪開催期間時には、各ＩＦから会長・専務理事・理事・事務局・ゲスト・役員同伴者等が来日するが、コロナによる大会延期が発生し、結果的に来日したＦＩＥ関係者は理事11名と事務局関係者12名の合計23名まで絞られた。

（ii）ＴＯ

通常、ＦＩＥが主催する国際競技大会には、競技大会運営委員（Technical Officials〈以下ＴＯ〉）をＦＩＥが指名し、ＦＩＥの予算で世界各地の会場へ派遣する。五輪も同様に、「International Technical Officials（以下ＩＴＯ）」と呼ばれ、ＦＩＥが試合を司るＩＴＯを理事会の承認を経て指名・派遣する。ＩＴＯには、ＤＴ

（ＴＤとは別の役職）、審判委員（Referees Delegates）、医事委員（Medical Delegates）、ＳＥＭＩ委員（SEMI Delegates）、そして国際審判（International Referees）が含まれる。彼らは試合進行のためだけに直前に来日し、大会期間中に業務を全うし、帰国していく。東京大会では、日本人のＩＴＯをより多く輩出したいと検討したが、実際この枠に入れた日本人は2名となった。ＩＴＯのポストは世界的にも争奪戦となり、開催国ではＮＴＯの枠があるということを理由に、ＩＴＯ枠から除外されるといったリスクも伴っていた。ＦＩＥ理事会において日本人ＩＴＯの必要性を訴える機会を逃さないことが重要だった。

　上記ＩＴＯを支えるＴＯとして、開催国のＮＦが推薦し、組織委員会が指名し、ＩＦが承認する「National Technical Officials（以下ＮＴＯ）」と呼ばれるＴＯがいる。東京大会においてＩＯＣとＩＦが定めた「開催国が配置すべきＮＴＯ数」は、武器検査員24名と、開催国ＮＦ所属の国際審判8名だった。武器検査員については、ＮＦを通して公募を行い、3名の予備要員とともに24名をＮＴＯ候補者として選出した。ＮＴＯ候補者は２０１９年高円宮杯（1月）、２０１９年アジア選手権大会

（6月）、２０１９年全日本選手権大会（9月）、２０１９年男子エペジュニアワールドカップ大会（1月）、２０１９年高円宮杯（テストイベント）（12月）にて実地研修を行い、最終的に組織委員会からＦＩＥへ人選結果を提出し、ＦＩＥが承認した。日本の国際審判8名については、ＮＦ審判委員会がＮＴＯ候補者8名と2名の予備要員を選出しＦＩＥへ直接提案を行い、ＦＩＥがＦＩＥ理事会にて承認をした。開催・運営実績の少ないフェンシングにおいて、本大会までにこういった研修機会を増やすため、国内における国際大会の誘致は必至だった。

（iii）組織委員会競技運営チーム

組織委員会のフェンシング競技運営チームは、競技運営責任者となるスポーツマネージャー（２０１７年4月~２０２１年9月）、会場や競技備品を担当するテクニカルオペレーションマネージャー（２０１８年4月~２０２１年9月）、人員やサービスを担当するサービスマネージャー（２０１８年5月~２０２１年8月）、アシスタントサービスマネージャー兼アドミニストレーションサービスチームスーパーバイザー（２０２０年４月～２０２１年９月）の４名が計画時から従事し、大会直前から大会開催期間中には各ボランティアチームを統括する10名のスーパーバイザー（２０２１年６月～８月）が加わり、合計14名でフェンシング競技運営チームが構成された。

当初、メンバーの半分は五輪の大会運営経験のある海外人材を計画していたが、新型コロナウイルス感染症の影響により、海外からの来日が大変難しい状況となった。大会開始直前に来日を断念したメンバーもいた。各人に対して来日とキャンセルのいずれかを直前まで想定しつつ、来日が叶わなかったポストは国内人材へ切り替えていった。最終的には、海外人材２名、日本国内人材８名となった。

Administration Service Team のスーパーバイザーは、Competition Management Office and Sport area/rooms にて主に各諸室／エリアに設置されている備品の管理や海外来日者の対応を行う役割である。当人はコスタリカフェンシング連盟にてさまざまなプロジェクトに携わった経験を持ち合わせており、国際大会での活躍が期待されていた。よって東京大会を想定したテストイベントにも参加した上で、本来ならば帰国後雇用され、約三か月後には東京大会を迎える手筈であった。しかしながら東京大会の延期、またコロナ対策の必要性が迫られる事態に対応し、大会開催一年以上前から組織委員会に加わるという異例の対応となった。大会期間前まではAssistant Service Manager という役割で Service Manager のサポートとコロナ対策に関する業務を行い、競技期間中は本来課された役割である Administration Service Team のスーパーバイザーとして業務を行った。コロナ対策に関してはフェンシング競技におけるコロナ対策ガイドラインの作成、コロナ対策を講じた上での海外人材と海外ボランティアの受け入れ対応、滞在期間中の対応、また、出国時の対応などを行った。

　Training Venue Services Team のスーパーバイザーは、Training Venue にて練習会場全体の運営・管理を担う。練習会場内の機器・備品の確認だけでなく、選手団への直接的なサポートや、ボランティアの管理、練習会場に設置されているアスリートラウンジやスポーツインフォメーションデスクの運営、練習会場に発着するＴＡ

バスの確認等業務を行う。東京大会には、国内外フェンシング大会やイベントを自らの手で数多くこなしてきており、フェンシングの機器のみならずＩＴ機器全般に精通している人材が配置された。今回、練習会場は、競技会場から物理的にも距離があり運営上も独立していたため責任範囲が広くなっていた。さらに、練習会場は競技会場よりも早く運営が始動したため、スーパーバイザーはＴＡバスの発着問題、輸送やアクセスコントロールの混乱、濃厚接触者の対応等フェンシングに限らず整備過程の突発的な課題にも第一バッターとして対応しなくてはならなかった。突発対応が多発したが、当人は臆することなく一つ一つのタスクをボランティアの皆さんと共に丁寧かつ安定的に対応していた。

IF Services Teamのスーパーバイザーは、2階に設置されていたＦＩＥ事務局・会議室・役員室の運営管理と、ＦＩＥ関係者全員のサポートを行う。東京大会には、過去に日本フェンシング協会事務局にて過去の国際関連の問題に対応してきただけでなく、数多くの国際フェンシング大会やイベントにも従事・運営してきた人材が配置された。ＦＩＥ関係者はあらゆる国で長年活動してきているため、彼らの要望は明確でかつ強い。よって、スーパーバイザーはコミュニケーション能力だけでなくＦＩＥに対する説得力も求められたが、すでにＦＩＥの組織や人を熟知しており、持ち前のサービス精神で対応し、ＦＩＥが帰国する前には頼られる存在となっていた。今回、海外からの渡航者は自由な移動が認められなかったため、買物や、会場外でのＰＣＲテスト受診の帯同等、突発的に難易度の高い任務も加えられた。ＦＩＥ関係者の多くは試合運営とは引き離されて動くため、練習会場同様、スーパーバイザー自身による状況把握や自己判断が多く求められた。当人は大会前も可能な限りＦＩＥや宿泊施設との会議に出席していたことから事前知識も整っており、大会期間中は一手に任せることができた。

Technical Officials Services Team のスーパーバイザーは、ＴＯの様々なポジションと役割・活動内容や活動場所を的確に理解し、多様なリクエストに対して迅速かつ柔軟にサポートを行う。また、次の試合に出る審判だけを招集しＦＯＰエントランスエリアへの誘導をする。東京大会には、選手としての競技歴があり競技に精通していただけでなく、国際審判としての経験を持ち合わせている人材が配置された。

当人は来日した審判全員の動きやリクエストを熟知しており、真摯な個別対応をこなすことが可能だったことや、会場全体や関係者全員に配慮する協調性を持ち合わせていたため、周囲と協働しながら冷静に対応する姿はＴＯからの信頼をさらに厚くさせた。コロナ対策でＴＯの行動が制限される中、難しい要求や厳しい意見が多かった。また、最も懸念されていたのが試合ごとに配置する審判の決定とそれにかかる時間だった。トーナメントでステージすべてに勝敗がついた時点で、次のステージに出場する審判をソフトウェアによる抽選結果で配置させるが、フェンシングの場合は抽選結果に対して変更の必要がないか5名の審判委員が確認をしてから最終決定がなされる。世界選手権等では意見が割れ最終決定が遅れることも状況的に許されるが、五輪では放映スケジュールの関係上遅れが許されない。ことの重大さを認識していない審判委員がいるなか、当人がいかに進行を早められるか工夫を重ねていたことで、重篤な遅延は回避された。

　Sport Information Services Team のスーパーバイザーは、競技・試合結果を必要な場所／人へタイムリーに届けたり、競技会場アスリートラウンジに設置されているスポーツインフォメーションデスクにて、選手やチームオフィシャル向けの情報提供を行う。東京大会には、大会運営や指導者としての経験を持つ人材が配置された。当人は選手・コーチの戦略的な動きをすでに理解できているため、依頼内容を的確にとらえ、対応していた。常に試合進行状況を最前線で確認し、リザルトが正しいタイミングで出力されているかを確認し続け、先手を打ちながら滞りなく競技が進行出来るように関係者と連携を図った。今回の大会では選手の間でセンシティブかつ重要な対応となっていたのが抗原検査だったが、選手がどのタイミングで検査を行い、そしてその検体をどのように安全かつ迅速に選手村にある検疫センターへ提出するか、留意する必要があった。時にはスーパーバイザー自らが緊急的に選手村に行き、現場で調整を行ったりした。

Athletes Services Teamのスーパーバイザーは、プレウォームアップエリア、アスリートラウンジにて、フェンシング競技の選手、チームオフィシャルの大会前、期間中、大会後の活動に対して、サポートを行う重要な役割を担う。次の試合のコーチを招集し、コールルームやＦＯＰエントランスエリアと連携を図り、ＦＯＰエントランスエリアへの誘導を行った。また、アスリートラウンジの管理・運営や、表彰式への選手のアテンド等を行う。東京大会には、海外での実務経験が長く豊富であり、自身も競技経験者だった人材が配置された。今回、コロナによって新たなルールや対応に追われる選手やチーム関係者から、多岐にわたるリクエストや質問が発生したが、当人はいかなる状況においても柔軟かつ冷静に対応していた。コロナにより環境が整っていなかった状況下、持ち前の海外赴任による現場経験を武器にボランティアやフェンシングチーム及び他関係者へ積極的に連携を図りながら、選手やチームオフィシャルが競技に集中できる環境を独自で整えた。

Warm-up Area Team のスーパーバイザーは、当日試合のある選手が競技会場に到着してウォームアップするプレウォームアップエリアと、試合直前の選手だけが入室するファイナルウォームアップエリアの2つのエリアを運営・管理する。審判機器やピスト・備品の管理、選手団のサポートにとどまらず、試合進行状況を確認しながら次の試合の選手をプレウォームアップエリアからファイナルウォームアップエリアやコールルームに移動させ、滞りなく試合前の準備を完了させるよう関係者と連携を図る。東京大会には、元五輪選手でナショナルチームでもコーチをしていた人材が配置された。過去の五輪出場経験から、当人は試合前の選手の動きや状況を熟知しているだけでなく、国際レベルで自身が競技・指導してきたため海外の五輪レベルの選手団とも信頼関係がすでに築けていた。よって、数々の突発的事象に対しても躊躇することなく引き受け、ボランティアとともに選手・コーチの誘導やクレーム対応等を堅実に行っていた。今回の大会では、濃厚接触者の発生によってウォームアップエリアの運用を急遽変更したり、選手団へ事前に情報提供するガイドの配布方法も過去大会から変わり、情報が十分に行き届いていなかった。また、元々はプレとファイナルにそれぞれ１名ずつ配置する予定だったが、コロナ対策により１名体制へ変更したため、競技会場内では最も厳しい状況に置かれたエリアであった。

Call Room Team スーパーバイザーは、次の試合に出場する選手をファイナルウォームアップエリアからコールルームに確実に招集し、ワイヤレスシステム装置の装着をさせた後、指定エリアで待機させて時間になったらＦＯＰエントランスエリアへ送り出す。スケジュール通りに試合が進行出来るようTOや各エリアに配置されたスーパーバイザーと連携を図る重要なポジションだ。それだけでなく、コールルームは最も多くのボランティアが配置されたチームである。検査済みの用具をフェンシングバッグに間違いなく入れて封印し、不正をさせない観点から選手の代わりにピストへ持っていく。ボランティアへの指示、統括が最も難しいポジションだった。東京大会には、競技経験があるだけでなくフランス語や英語が堪能な人材が配置された。当人は居住地の関西からテストイベントにも参加し、事前に五輪に関わる大会や会議に積極的に参加していたため、大会開催時にはすでに関係者との信頼関係が構築されていた。ボランティア研修の準備・実施を協働していくことなどを通して、コールルーム従事者の管理能力を伸ばしていった。元々複雑かつ緊迫感のあるエリアだが、今回はコロナによって大幅な運営変更を強いられ、準備期間がないまま現場対応で運営していく必要があっただけでなく、過去の五輪ではコールルームでは行われなかったプロセスも追加された。コールルームにおけるメタルジャケットの検査だ。コールルームは不正を取り締まる最後の砦であり、試合直前に試合する選手のみが入室を許される閉ざされた室内で、コーチはさることながら審判の入室も禁止されていた。しかし、ＦＩＥはコールルーム内に審判を入れて確認させる判断を下した。コロナ対策でスペースが限られているコールルームに、局地的に審判たちも入ることになった。このようにＦＩＥと規程や過去事例や未来予測をしながら議論をしなくてはならない非常に重要なポジションであったが、持ち前の洞察力と判断力で、臆することなくコールルームの運営をＦＩＥとともに成功させた。

Weapon Control/Equipment Team のスーパーバイザーは、ＦＯＰ、コールルーム、ウォームアップエリア、武器検査室、練習会場等複数箇所において、審判機器や検査機器を設置し、管理する。ＴＯや用具検査を実施するＮＴＯとコミュニケーションを図り、用具検査室内において、選手の用具検査受付、預かり用具を確認し、正しく選手へ返却されるよう統括する。このポジションは海外の専門的機材や人材が多く関わるため、用具検査の受付システムや運用方法の専門性と語学力が必須だった。東京大会では、先般ブエノスアイレスで開催されたＩＯＣ主催のユース・五輪でスポーツマネージャーを務めた人材を確保することができた。当人は選手やコーチとしての競技経験もあることから、最新の競技や用具に関する知識を十分に持ち合わせており、アルゼンチンフェンシング協会に従事していることからＦＩＥやＴＯを熟知しているだけでなく、開催運営の知見を有していた。よって、運営スタッフやボランティアの統括、選手団や委託業者との協議等、東京大会においても自らの経験をもって競技運営全体を見ることができ、担当業務を超えた対応も可能にしていた。コロナによって何もかもが不鮮明になったなか、強い意志と覚悟を持って来日を実現させ、混乱状況下にも前向きに活動した。また、今回の武器検査は、ＦＩＥと国内外の複数関係者や業者が複雑に絡み合い衝突が発生する可能性もあるエリアだったが、結果的にはＴＤやＩＴＯ、ＯＭＥＧＡや選手団との繋ぎ役となって現場をおさえていた。

　FOP Entrance Area Team のスーパーバイザーは、ＦＯＰエントランスエリアという、コールルームと競技会場の間にある選手入場口の運営や管理を担う。試合をする選手や審判が競技エリアに入場する直前に整列を行うエリアとなり、次の試合の選手や審判が会場アナウンスや放映解説の順番通りに正しく並んでいるかを確認する。整列は入場の直前となり、競技開始時間に影響を与えるため、競技進行状況を随時把握し、コールルームチーム、ＦＯＰチーム、演出チーム、ＩＴＯと細かく連携を図り、瞬時の対応が必要だ。ＦＩＥや組織委員会にとどまらず、ＯＢＳとのやりとりも発生しかねない重要なポジションのため、東京大会ではロンドン大会のスポーツマネージャーが配置される予定だったが、コロナの影響によって刻々状況が変わる中、最終的には開催直前に来日キャンセルとなった。急遽、日本フェンシング協会や協会主催の大会にも従事したことのあるフェンシング経験者が担当した。当人はチームへの合流も最も遅く、競技開始直前という不利な状況のなかで、即座に周囲の状況を把握して、競技運営チームを超えた関係者と連携を図りながら業務を遂行した。

FOP Equipment Team のスーパーバイザーは、競技運営における最後の砦ともなるＦＯＰの整備・調整・管理をする役割を担う。ＦＯＰは、唯一テレビに放映され、セキュリティレベルが最も高いセンシティブなエリアだ。競技運営担当者だけでなく、放映者や情報発信者や照明や音響担当者、メディア担当者等、多くの運営者が密集するエリアであり、ＦＯＰ上の最新情報を、試合進行に関わるすべての関係者に直接共有して、ＦＯＰ上で発生する様々な問題に対応し解決を図る必要がある。東京大会では、リオデジャネイロ大会終了直後から高い評価を得ていたリオデジャネイロ大会にてテクニカルオペレーションマネージャーを務めていた人材が配置された。当人はコスタリカフェンシング協会の一員でもありＩＦや大会運営者との調整をしていただけでなく、自らもフェンシングや車いすフェンシングにおけるさまざまな国際大会で準備段階から取り仕切る豊富な経験を持っていた。ＦＯＰで発生するトラブルは本部へも報告される重大事項となるが、当人は当然この重責を認識しており、トラブルが発生しても、どこにどう影響するか、誰にどう解決を求めるかを熟知していた。今回に限らないが、現在の競技フォーマットで五輪を行う場合、フェンシングには４つの予選用ピストと一つの決勝用ピストが必要になる。予選用ピストでは４つの試合が同時にスタートする。一つのＦＯＰのみを利用する競技と比較され、ＦＯＰが４つあると言われていた。スーパーバイザーは、４つのピストで同時に行われる試合状況をそれぞれ把握し時間との戦いを制する必要があったが、リオデジャネイロ大会による経験から競技運営チームを超えた関係者を味方にして積極的に取り組み、運営成功に導いた。

(ⅳ)コントラクター(組織委員会競技運営チームからの委託)

①競技運営チームの業務委託

競技運営チームは14名の有給スタッフとボランティアで構成されていたが、別途業務運営委託というスキームで人員を補完した。他競技ではＮＦの補助やボランティアの活動経験が豊富なため不要であったり、競技運営チームそのものをエージェントが担うスタイルもあったが、フェンシングはオーダーメイドで競技運営チームが成り立っていたため、競技運営委託によって補完した。具体的には、セキュリティレベルを上げたアクセスポイントのスタッフ配置や、練習会場と競技会場間の輸送、ＦＩＥからＳＰＴへ直接依頼があったＦＯＰエントランスやＤＴテーブルの設置、大会期間中の競技運営サポート等である。元より五輪の計画・準備、そしてフェンシング競技の計画・準備に携わっていたエージェントと競技運営チームと二人三脚で対応、全てのミッションが成功に終わった。

②リペアショップ

ＩＯＣの五輪憲章やガイドラインに基づき、基本的に五輪では会場内での物品売買は認められていない。しかし、機材・用具を試合中に使用し、交換が認められている競技は用具店（リペアショップ）の設置が認められている。この選定には、日本での五輪・パラリンピックだから日本の業者という固定観念ではなく、国際競争入札をした上で、五輪・パラリンピックレベルに見合ったサービスが低価格で提供できるかという観点と、それにかかる費用が審査にて重要視され、公募の上で日本の代理店が選定された。入札者はすでにフェンシングの大型業者との輸入提携（代理店）をしており、長年にわたりフェンシング機材や用具を輸入・販売していることからも、国内への輸送費・輸入税、税関手続きの面でも知見と経験を有しており、準備においては大幅な効率化に繋がった。この入札者は、長年、日本国内で開催されたワールドカップやアジア選手権においても出店しており、知見・経験は申し分ないものの、五輪は数々の制限や制約があり、商業目的でないことや、バンプイン前（事前の搬入時期）に納品しておくことなどを念押しされながらも快く準備いただいた。おかげで五輪期間中に選手が競技備品の不足や違反で失格になるなどといったことがなく終わった。

③用具検査受付システム

フェンシングでは試合前に用具検査がある。用具検査そのものはＩＴＯ・ＮＴＯの管轄だが、このＩＴＯ・ＮＴＯの活動を簡素化するために、用具検査室に「用具検査受付システム」というものを導入する場合がある。ただしこれは、世界選手権等、選手数が数百名と多い場合に導入されるものであって、競技者数が少ない五輪では不要とされていた。しかし今回、過去の五輪大会では採用されていなかったものの、正確性等の重要性を説明することで、公平公正な観点から国際競争入札での調達を許された。ただし、ＦＩＥにとっても今回が初めての受付システムの国際入札であったことから、ＦＩＥにて具体的な仕様がなく、テストイベントにて実施したシステム（方法）を参考に入札を行った。その結果、日本とセルビアの２社から入札があり、入札金額の低いセルビアに決定した。

（v）ボランティア

ボランティアの目標人数は、試合規模・競技フォーマット・活動内容・一人当たりの活動時間等を考慮し、最大で２８０名に設定した。フェンシング競技経験者に限定すること、海外ボランティアの割合は全体の30%にすることを前提とした。また、組織委員会のポリシーとしては、会場付近のボランティアの起用を推奨していたが、フェンシングは宿泊と交通費の自己負担を前提として全国を対象にした。ボランティアの皆さんには、２０１９年アジア選手権大会、２０１９年全日本選手権大会、２０１９年高円宮杯（テストイベント）にて競技ボランティアの経験を積んでいただいた。

コロナが発生するまでは280名を超えて320名前後まで確保できていたが、大会延期後、海外ボランティアがリストから外れ、新型コロナウイルス感染症の影響で日本人ボランティアの辞退も発生した。運営可能と予測していた70％に近い数値だったが、さらに50名程は補充したかったため、フェンシングの競技人口の多い高校生を募集することで人員を確保することにした。高校生は東京大会におけるボランティアの応募年齢に達していないため一般の登録が出来なかったが、高校生が参加できる別のスキームを駆使することで高校生の参加が叶った。大会時は国内人材約140名、海外人材10名のボランティアと、引率者含む高校生25名にご参加いただき、前述のスーパーバイザーの指示のもと尽力いただいた。加えて35名程、TEC所属のOMEGAボランティアとしてご尽力いただいた。さらに活動場所に千葉や居住地周辺を希望していたり、コロナによって活動場所がなくなってしまった一般のボランティアの皆さんにも急遽ご参加いただき、大会運営を成功させることができた。

(vi) パーティシパント

五輪・パラリンピックの場合、会場内のサービスを受けられる人数も制限しているため、アクセスコントロールが徹底され、簡単に入ることはできない。しかし、特別な役割のもと、行動範囲や時間を限定することで特別に入場が許可されるメンバーがいる。それがパーティシパントと呼ばれているメンバーだ。フェンシングではドレスリハーサルというものがあり、五輪大会でどのような映りになるのか、照明は問題ないかという最終確認を行うため、実際の選手により近い動きが出来る選手が求められた。日本フェンシング協会に協力を依頼し、次世代を担うカデやジュニアのエペ・サーブルの選手で、パリ大会やロサンゼルス大会への出場が期待される現役選手を集めていただいた。その結果、22名が参加した。

(vii) 観客

観客は、五輪だけでなく、それ以降にも競技に対して大きな影響を与える。よって、大会組織委員会というよりは日本フェンシング協会が主導となり、観客の動員や機運醸成を図った。主な活動は、千葉県及び千葉県の公立小中学校と日本フェンシング協会とが共催して行った学校訪問プロジェクトだった。日本フェンシング協会会長や日本フェンシング協会所属のナショナルチームの選手たちが、小中学校に訪問をし、フェンシングとは何かを説明したりデモンストレーションを行うだけでなく、実際に生徒や先生に競技を体験してもらったり応援の価値を学んでもらったりする内容だ。この訪問を通じて、五輪を目指す選手たちは選手自身のこれまでのパスウェイを語り、夢を持つことの楽しさを伝え、応援されることの価値を再認識する。そして、フェンシングを知った子どもたちは、実際に会場へ足を運んでもらう予定だった。また、コロナ前までは、FIEが千葉県内の児童養護施設の子どもたちを会場に招待する計画も進んでいた。今回のコロナによる最大の損失は、観客の喪失だった。

3　準備

(i)テストイベント

テストイベントの開催は重要なマイルストーンではあるものの、東京大会のテストイベントは簡素化と経費削減のターゲットとなっていた。フェンシングの場合、会場が日本屈指の展示会場であることから、他の利用者との調整が必要なため、開催場所と日程を早期に確定する必要があった。ＦＩＥからのテストイベントに対する要望は「五輪開催時と同会場であること」、また、「ＦＩＥ主催の公式競技大会を行うこと」であった。そこで唯一日本で開催されているＦＩＥ主管の国際競技大会として男子フルーレのワールドカップがテストイベントとなった。エペ・サーブルのテストイベントが叶わなかったため、ＦＩＥ理事として出席していた太田前会長がＦＩＥ理事会にてエペのジュニアワールドカップを誘致し、開催することができた。また、五輪に向けたテクニカルリハーサルやドレスリハーサルにはサーブル選手を優先的に参加依頼した。テストイベントはコロナ発生前に開催されたためコロナ対策の検証はできなかったが、選手団が五輪を想定しながら来日し、巨大展示ホールで練習・ウォームアップ・試合を行いＦＩＥの公式記録も例年通り残り、各国の選手は無事に帰国していった。

（ⅱ）延期

　延期決定から、改めてフェンシングの競技日程や会場（同会場）の確定がなされた後、延期による様々な変更をかけていくことになった。元の計画では仮設を短期間で建設する予定だったため、１年間の延期によって生じる「機材・備品などを保管する場所や保管契約のキャンセルや延長」を検討する必要性は、他競技に比べて少なかった。しかし、同会場をコロナ前と同条件・同スケジュールで使うことが決定されたことから、コロナ対策として時間調整をしたりスペースを広げたりといった手段は認められず、予防を徹底することや入室人数を制限するといった大会開催時の運用のみでコロナ対策を講じるしか策がなかった。

接触競技や濃厚接触の定義、練習中やレッスン中のフェイシャルマスク着用是非、選手に近づく審判の扱い、コントラクターや競技ボランティアの抗原検査頻度、濃厚接触者や陽性者がメダルマッチ直前に出た場合など、ＦＩＥ主催大会が開催されず前例や参考事例がないなか、急ぎ作成したガイドラインで検証していくしかなかった。海外と日本とでは、コロナに対する考え方も対策方法も異なる。他競技とフェンシングとでも異なる。東京大会全体のコロナ対策・方針・予算・準備と、競技特有のコロナ対策・方針・予算・準備とが複雑に絡み合い、誰もが納得のいく対策とそれに向けた調達・準備をしていく過程は、失敗を何度も繰り返し、競技開始日を迎え参加者全員が会場で対面してから、最後の来日者が８月９日に帰国するまで続いた。

武井 壮　あとがきにかえて

２０２１年６月に日本フェンシング協会の会長に就任し、ヨーロッパの騎士道が起源となり現代にまで続く伝統ある競技の未来を支える役割の重さを感じる中、その年の８月に自身が会長として迎える初めての国際大会が『ＴＯＫＹＯ ２０２０ Ｏｌｙｍｐｉｃ』でした。

選手としては参加したことの無い大会に、まさかタレントとして大会のレポーターとして、また日本フェンシング協会会長として参加する事になるとは思いもよりませんでしたが、貴重な機会を活かしてなんとか自分自身の持つ発信力を活かしたフェンシングのプロモーションができればと臨んだ大会でした。

前評判では、個人戦でメダルがかなり期待できるメンバーが揃った、ということでしたが、個人戦はメダル獲得ならず、やはり五輪は難しいものだな、と感じつつも、団体戦までの中日に団体戦メンバー達とオンラインでミーティングを行い『人生を変えよう』とメッセージを送りました。

そして迎えたエペ男子団体戦、初戦のアメリカ戦では『やはりダメか』と思うところからの大逆転、その後はフランス、韓国、ロシアと強豪を立て続けに破り金メダルを獲得。準決勝、決勝戦は目の前で観戦することができ、日本フェンシング史上初の金メダルの瞬間を、就任一ヶ月半ほどで経験出来ましたことは、フェンシング協会で経験することのできた、最も記憶に残る瞬間でした。

この勝利は、これまでフェンシング界を導いて来られた多くの皆様、そして多くのフェンサー達の作った歴史の集大成であり、今後のフェンシング界を大きく照らす光になると感じます。

その後も世界ジュニア、アジア選手権、世界選手権と、史上初のメダルが毎大会生まれ、フェンサー達の実力は確実に今、過去最高であると言える時代が来ています。

フェンシングを、フェンシング経験者のみが楽しめるものではなく、フェンシングを選手として経験したことが無くても、その楽しさを感じ、理解できるよう世の中に広く認知を広げていくことが、これからのフェンシング界の課題だと思います。

そして人生の貴重な時間をフェンシングに投じることになる全ての人がより豊かな人生を手にできるようなフェンシング界に繋がるよう、微力ながら、今後は外部からになるとは思いますが、選手達を支えて行けたらと思っています。

フェンシング経験の無い私にできることは多くはありません。これからのフェンシング界はフェンシング界を歩む全員が『今より前に』という願いを持って進む力のひとつひとつによってでしか育ちません。

私は日本フェンシング協会の会長という役職を経験させて頂いた一人として、これからも、社会の一員として、エンターテイナーとして、そして世界で輝くスターになるために、更に自分の生きる世界を広げて前に進みたいと思います。現役の選手達、また現役を退いた選手達にも、競技だけが人生ではない、その先にもフェンシングと同じく素晴らしい戦いと喜びが待っていることを伝えるために努力していきたいと思います。

この度のご出版、誠におめでとうございます。齊田様には任期中様々なご助言を頂き、日本フェンシング協会運営にも多大なるご協力を頂きました。

今後も多くの選手達を支える大きな力でいて下さる事をお願い申し上げます。

〈著者紹介〉

公益社団法人日本フェンシング協会

2014年、公益社団法人日本フェンシング協会東京2020対策委員会として発足。

Allez, Japon!
——日本《にほん》フェンシングチーム躍進《やくしん》！陰《かげ》の立役者《たてやくしゃ》たち

2023 年 8 月 30 日　第 1 刷発行

著　者　公益社団法人日本フェンシング協会
発行人　久保田貴幸

発行元　株式会社 幻冬舎メディアコンサルティング
〒151-0051　東京都渋谷区千駄ヶ谷4-9-7
電話　03-5411-6440（編集）

発売元　株式会社 幻冬舎
〒151-0051　東京都渋谷区千駄ヶ谷4-9-7
電話　03-5411-6222（営業）

印刷・製本　中央精版印刷株式会社
装　丁　秋庭祐貴

検印廃止

Printed in Japan
ISBN 978-4-344-93927-1 C0075
幻冬舎メディアコンサルティング HP
https://www.gentosha-mc.com/